聖なる山と
イワクラ・泉

薬師寺慎一

吉備人出版

聖なる山とイワクラ・泉

カバーデザイン　稲岡健吾デザイン室
本文地図作製　日下デザイン事務所

聖なる山とイワクラ・泉●目次

イワクラ《》

近畿

奈良県

大阪府

京都府

滋賀県

兵庫県

イワクラ

本書では、今後、度々「イワクラ」という語が出てくるので、ここで話しておきます。

先ず、「イワクラ」という語が古典では、どのように用いられているかを調べてみます。理由は、古典での使用例を見れば、古代人がイワクラをどんなものと考えていたかを知る手掛かりになるはずだからです。

『古事記』・『日本書紀』に見えるイワクラ

『古事記』の（天孫降臨の段）には、「アマツヒコホノニニギノミコトに詔《みことの》りして、天《あめ》の石位《いはくら》を離れ、（中略）筑紫の日向の高千穂のくじふるたけに天降《あまくだ》りましき。」とあります。これはニニギノミコトが高天原《たかまがはら》から日本列島に降りてくる時の様子です。

『日本書紀』の（神代下第九段）には「高皇産霊尊《たかびむすびのみこと》真床追衾《まとこおふふすま》を以て、皇孫天津彦火瓊瓊杵尊《あまつひこほのににぎのみこと》を覆ひて降《あまくだ》りまさしむ。皇孫、すなはち天磐座《あまのいはくら》を離ち《おしはな》（中略）日向の襲《そ》の高千穂峯に天降ります。」とあります。

以上から次の二つのことが分かります。

①イワクラは『古事記』は「石位」、『日本書紀』は「磐座」と表記していること。

②『古事記』は「石位を離《はな》れ」、『日本書紀』は「磐座を離ち《おしはな》」と書いていること。

『古事記』の記事からはイワクラの大きさは不明ですが、『日本書紀』のように「イワクラをおしはなす（押し放す）」のならばイワクラはかなり大きなもの、どっしりしたものと思えます。

『風土記』に見えるイワクラ

『播磨国風土記』（神前郡的部里）に、「石坐《いはくら》の神山といふは、この山、石を戴く。豊穂《とよほの》命の神坐《いま》す。故《かれ》石坐の神山といふ。」

とあります。これからすると、イワクラは山頂にある岩で、そこは神座です。その他、『風土記』には「石神《いしがみ》」という語が数カ所に見えますが、これは石（岩）を御神体として祭っている感じを受けます。

『延喜式神名帳』に見えるイワクラ

『延喜式神名帳』記載の神社（式内社）の中に、神社名から推測して「石」を祭ったと思われる神社があります。以下に例を挙げておきます。

天乃石立神社（大和国）・石神社（河内国・伊勢国など）・石座《いはくら》社（三河国）・石坐《いはくら》神社（近江国）・伊《い》波《は》久《く》良《ら》和気神社（伊豆国）・石畳《いわだたみ》神社（備中国）。

イワクラとは何か

以上から「イワクラ」は石（岩）であることは確かです。『風土記』や『延喜式神名帳』からすると祭祀の対象であったこともほぼ確かです。

なお、本書で「イワクラ」と表記する理由は、前記のように、『古事記』は「石位」、『日本書紀』は「磐座」、『風土記』は「石坐」などの文字を用いていて、どれが最も適切かが決めにくいからです。「いわくら」でもよいのですが、片仮名の方が目に入りやすいと思います。

古典に見えるイワサカ

「イワクラ」と混同されやすいのが「イワサカ」です。そこで「イワサカ」の語が記紀などではどのように用いられているかを調べてみます。

先ず『古事記』ですが、イワサカの語は一度も出てきません。

次に、『日本書紀』（神代下第九段一書第二）には、「高皇産霊尊《たかびむすびのみこと》因りて勅して、曰く、吾は天津神籬《あまつひもろぎ》、および天津磐境《あまついはさか》を起し樹《た》てて、まさに吾孫《すめみま》のために齋《いは》ひ奉らむ。汝、天児屋命・太玉命は、天津神籬を持ちて、葦原中国《あしはらのなかつくに》に降りて、云々。」とあります。この記事は、ニニギノミコトが日本列島に降りる前に、無事に降りられるよう祈願した時のもので、場所は高天原《たかまがはら》です。注意すべきは「天津神籬および天津磐境を起し樹てて」の部分です。つまり、「磐境は起し樹てる」もの、人（或いは神）が「起こし建てる」ものであった点が要注意です。

大同二年（８０７年）に斎部《いんべ》広成が著した『古語拾遺《こごしゅうい》』にも、「天津神籬および天津磐境を起し樹てて、云々。」とあります。これは『日本書紀』と同じです。なお、『日本書紀』も『古語拾遺』も共に「磐境」と表記しています。イワサカに関する記事は、この他の古典には一切見えません。

イワクラとイワサカの違い

イワクラと違い、『延喜式神名帳』記載の式内社にはイワサカに関わる神社、例えば「イワサカ神社」などは一社もありません。これは大事な点です。というのは、仮にイワサカが持続的、永続的なものならば、イワクラと同様に神名帳が成立した平安時代に神社名として残っていてもよいはずだからです。故に、イワサカは非持続的・非永続的なものであったと推測されます。更に、前記のように、「磐境を起し樹てて」とあるので、それは人工的なもので、「神籬」と同じく祭りの度に設け、祭りが終われば撤去するものであったと推測されます。即ち、イワサカは、祭祀の時に設けた一時的・臨時的な施設で、イワクラのような持続的、永続的なものではなかった可能性が大きいということです。以上のように、古典での使用例からすれば、イワクラとイワサカは明らかに意味の違うものです。故に、軽々に「これはイワクラだ」とか「これはイワサカだ」とか言うのは、どうかと思います。

以上は、古代祭祀の研究で著名な大場磐雄氏の著『祭祀遺跡』に負うところが多いことをお断りしておきます。

イワクラはヨリシロ

地鎮祭などで榊《さかき》の枝を立てます。これは神の依代（ヨリシロ）です。神主さんが神を迎える儀を行うと、神はスーッと来られて榊の枝に憑《よ》りつかれ、祭の間は枝に宿っておられます。祭が終わると今度は神を送る儀が行われます。すると、神は枝から離れてスーッと帰って行かれるのです。神を迎えるには何かヨリシロが必要ですが、榊の枝はヨリシロとして代表的なものです。ヨリシロが石（岩）の場合がイワクラです。本来は祭りの時に一時的に神が宿るヨリシロでしたが、榊の枝と違って石（岩）はいつもそこにあるので、常に神が宿っておられると考えられるようになり、中には石（岩）そのものが信仰の対象（御神体）とされるようになった場合もあります。

社殿中心の神社

仏教伝来以後は寺院建築の影響で、以前からの神祭りの場に社殿が設けられるようになりました。即ち、イワクラの付近（ほとんどはイワクラの前）に社殿が建てられたのです。そして、社殿の中に御神体（鏡・剣・玉・神像など）を祭りました。こうなると神は常に社殿の中におられるという概念が出来てきたのです。これが「社殿中心の神社」で、今日見るほとんどの神社の姿です。そして、イワクラは次第に忘れられていったのです。

現代のイワクラ

イワクラは古代のもので、今は存在しないとか、関係ないとか考えるのは間違いです。今も古代から続いてイワクラを祭っている神社があります。本書では、そうしたイワクラが、今後度々出てきます。

和歌山県新宮市の神倉《かみくら》神社の「ごとびき岩」。岩（イワクラ）が御神体。因みに「ごとびき」とはひき蛙。

京都伏見稲荷の「御神蹟」と呼ばれるイワクラ。

奈良県大神《おおみわ》神社境内の「夫婦岩」。

千葉県佐原市香取の香取《かとり》神宮の「要石」。利根川の北に鹿島神宮が、南に香取神宮が鎮座する。香取の要石は凸型、鹿島のは凹型とも言われる（春日千鶴氏撮影）。

茨城県鹿嶋市の鹿島《かしま》神宮の「要石《かなめいし》」。地中の大鯰《なまず》をおさえつけているという。イワクラには大きい石もあるし小さい石もある。(池上早苗氏撮影)。

寺院のイワクラ

イワクラは神社だけでなく、歴史の古い寺院にもあります。好例として石山寺（120頁）が挙げられます。石山寺を始め、観音霊場にはイワクラのある場合が多いようです。経には「観音は突き出た岩の上におられる。」とあるからです。そうしたわけで、観音霊場の本堂は岩（元々はイワクラ）の上に設けられ、そのため舞台造りになっていることが多いのです。石山寺の本堂もそうですが、東大寺の二月堂（39頁）も舞台造りで、御本尊の観音は堂下の巨岩の上に直接に立っておられるようです。観音霊場・イワクラ・舞台造りの三者はセットと言ってもよいと思います。

仏像などを刻んだ岩

例えば、「観音岩」（61頁）と呼ばれる岩は、観音像が彫られていたり、観音の「種子《しゅじ》」（梵字）が彫られていたりします。こうした岩は、像や種子が彫りこまれる以前は、イワクラであったと推測されます。つまり、既に信仰の対象とされていた聖なる岩であったということです。そこに仏教が入ってきた時、そうした岩に仏像などが彫り込まれるのです。以前に何の意味も価値も持っていなかったただの岩には、誰も仏像などを彫りこむことはないということです。

わが国における「神仏習合」の時代は、奈良時代以降、千年の歴史を持っています。したがって、神社と寺院を切り離すわけにはいきません。「本地《ほんじ》」という言葉があります。「垂迹《すいじゃく》」に対する言葉で、仏・菩薩の仮の姿が「垂迹身」、真実身が「本地」とされ、こうした考えを「本地垂迹説」と言います。例えば、備中吉備津宮の祭神吉備津彦命の本地は虚空蔵菩薩です。この神社の古い境内絵図には求聞持堂《ぐもんじ》が描かれています。これは虚空蔵菩薩を御本尊とする求聞持という行法を修する堂です。以上のような次第で、神社と寺を分けて考えるわけにはいきません。寺にイワクラがあっても何の不思議もないわけです。

（追記1）イワクラの前では、どんな目的を持った祭祀が行われていたでしょうか。古代は農業が最も大切な産業なので、豊穣「祈願」であっただろうと推測されます。これは今も同じで、全国の神社の春祭りは、ほとんどが神に豊作を「祈願」するものです。そして、秋祭りは神に豊作を「感謝」するものです。「感謝」は「祈願」の裏返しですから意味の上では同じことです。だが、いま一つ、全く別の意味を持つ祭祀があります。それは「占い」で、これは神のご意志を聞くものです。「この戦争は勝てるか」・「この土木工事は成功するか」・「今年は豊作か」などを神におうかがいするのです。今も「占い」をしている神社があります。備中吉備津宮には「鳴釜《なるかま》」神事という「占い」があります。「粥占い」をしている神社もあります。『古事記』には、「うらない」で政治上の重要事項を決定する記事が見えています。卑弥呼は巫女《みこ》的首長で、「祈願」もしていたでしょうが、同時に「占い」にも長じていたに違いありません。

（追記2）社殿を持つ神社が未だ無かった頃の祭祀は、イワクラを中心に行われていたと考えられますが、別に「古墳での祭祀」もあったのではないかと思われます。ただし、二つの場合が考えられます。一つは被葬者の霊を弔うもので、今でいう葬儀とか法事（例えば、三回忌とか七回忌などに相当する祭祀）です。だが、いま一つ考えられるのは、古墳の被葬者の霊に対して、人々が豊作とか降雨、或いは戦勝などをお願いするもので、これは「祈願」です。一つの仮説ですが、唐・新羅の連合軍との白村江での戦（663年）に吉備の軍団が出てゆく時、戦勝祈願をした場所は加茂造山古墳（後にできた古墳を含めても全国で第四位の規模）の前ではなかったかと思われます。その被葬者は生前は絶大な力を持った、神のような存在であったはずだからです。私たちは、自分の先祖の墓（霊）に子供の成長を願うことがあります。柳田国男氏も、人はもともとは自分の先祖を神として祀っていたと考えておられたようです。その人が偉大であれば、その霊が、広く一般の人たちから神として崇められるようになるのは当然のことです。

近畿

奈良県

大《おお》神《みわ》神社と三《み》輪《わ》山

大和国の一の宮

大神神社は奈良県桜井市三輪に鎮座。大和国の一の宮。主神は大物主《おおものぬし》命。『延喜式神名帳』には「大神大物《おおみわのおおもの》主《ぬし》神社」と記されています。『日本書紀』にも名の見える古社です。

本殿の背後に廻る

私は、古い神社にお参りした時は、必ず本殿の背後に廻ってみることにしています。理由は、そこに何かがあるかもしれないからです。何かとは、岩・泉・滝・古墳などです。背後方向に山（聖なる山）が見えることもあります。では、大神神社の本殿の背後には何があるでしょうか。

山そのものが御神体

不思議なことに、この神社には拝殿はありますが、本殿がないのです。拝殿の背後には有名な「三つ鳥居」がありますが、その背後は禁足地《きんそくち》になっていて、その後ろに三輪山があるのです。ということは、古い時期の大神神社の姿は、今見る拝殿や鳥居などの人工的なものは何一つなく、三輪山の麓から三輪山を拝んでいたということになります。だが、拝んでいたと過去形で言うのは間違いです。なぜならば、大神神社には今も本殿がなく、本質的には古代と同じく麓から三輪山を拝んでいるからで

大神神社の拝殿。普通は拝殿の背後に本殿があるが、この神社には「本殿がない」。

後方が三輪山。麓に大神神社が鎮座。手前が箸墓古墳。『日本書紀』に記されている倭迹迹日百襲姫《やまととととびももそひめ》命の墓と伝えられる。この姫命は三輪山の大物主《おおものぬし》命の妃という。被葬者を卑弥呼《ひみこ》とする人もある。

す。

大神神社は、三輪山という山そのものが御神体（神体山）ですから、いわゆる御神体（鏡・玉・剣・神像など）は不要ですし、そうした一般的な御神体を祭るための本殿も不要なわけです。

（追記1）境内の宝物収蔵庫には、三輪山の麓などから出土した遺物が展示されています。その中の「子持ち勾玉《まがたま》」は、普通の勾玉とは違い、祭祀に関わるものと考えられています。大変大きなもので、その一つは長さ10・7センチ、巾6・4センチ、厚さ2・4センチもあります。同じような勾玉は、宗像《むなかた》大社（204頁）境内の宝物館にも展示されています。これは、同神社の沖津宮（沖ノ島）から出たものです。

（追記2）歴史の古い神社に行った時は、頭の中で社殿一切を除去してみて、その後に何が残るかを考えてみることをお勧めします。後に残ってくるものこそが、古い時期のその神社の姿に関わるものです。大神神社の場合は、前記のように、三輪山が残ってくるということです。

（追記3）由緒あるお寺に参った時は、御本尊が飛鳥《あすか》仏か白鳳《はくほう》仏か天平《てんぴょう》仏か、あるいは国宝かどうかなどと御本尊に関心を持つ人が多いようです。だ

「三つ鳥居」。これは近くの檜原《ひばら》神社のもの。大神神社のもこれと同じ。

が、神社に参った時には、不思議なことに御神体が何かを考えない人が多いようです。ただ、本殿の奥の方に神がおられるものとして柏手《かしわで》を打って拝みます。何かが御神体として祭られているはずです。一般には、前記のように、鏡・玉・剣・神像などを御神体としている神社が多いようです。

（追記４）歴史の古い神社にはイワクラがあることがあります。大神神社の境内にもいくつかのイワクラがありますが、特別大きな岩はありません（12頁写真参照）。なお、三輪山の山頂のイワクラ（写真を撮るのは禁止）も巨岩ではなく、岩群といった感じのものです。

（追記５）三輪山の付近は古代史に興味を持つ人が数多く訪れます。そこに箸墓古墳（箸中山古墳）があるのも大きな魅力です。一般には、箸墓古墳は長さ２７６メートルで、11番めに大きい古墳（前方後円墳）とされています。だが、私は最大の古墳だと思っています。というのは、箸墓古墳が築造された時には、この古墳より大きい古墳（他の10の古墳）は、未だ築造されていなかったからです。即ち、仁徳天皇陵とされる堺市の大山《だいせん》古墳（長さ４８６メートル）などは、未だ存在していませんでした。「最大」の古墳は年代が経てば「最大」でなくなります。出雲大社本殿は、かつては「最高」の建物でしたが、今では１００番めにも入らないでしょう。後に造られたものまで含めて、何番目に大きいとか高いとかいうのは、ナンセンスではないでしょうか。

その時代の最大の墓の被葬者を、その時代の最大の有力者と考えることには、無理はありません。これはエジプトのピラミッドについても言えることです。箸墓古墳は日本列島で最大の古墳（墓）でした。性別も含めて、その被葬者が誰かは実に興味ある問題です。

（追記６）書き出しに、「古い神社では、本殿の背後に廻ることが大切」と記しましたが、関連して注意があります。それは、本殿の位置が動いている場合があることです。例えば、備前国の一の宮吉備津彦神社では、以前の古い本殿は、今の本殿の南１００メートルばかりの所にありました。今の本殿は、江戸前期に備前の藩主池田綱政が、かつて神宮寺があった場所に新築したものです。こうした場合は、今の本殿の背後に廻ってみても、イワクラとか泉が見つからないのは当然です。言うまでもありませんが、古い本殿の位置を確かめて、その付近を調べなければならないということです。

奈良県

狭井《さい》神社

狭井神社と鎮花祭《はなしずめのまつり》

狭井神社は大神神社の摂社で三輪山の麓に鎮座しています。『神々の遺産』（新人物往来社）の中で、森好央氏（大神神社の権禰宜《ごんねぎ》）は「大神神社の神事」と題して、要旨次の如く述べておられます。

「大神神社の祭神が大物主神の和魂《にぎみたま》であるのに対して、狭井神社の祭神はその荒魂《あらみたま》である。したがって、狭井神社は摂社ではあるが、極めて重要な神社である。このことは、大神神社の特殊神事として名高い『鎮花祭』の祭式を見ても分かる。この祭は、春、花が飛散する時、花片にのって疫病神が四方に分散して流行病を起こすと考えられ、これを鎮め疫病の蔓延を防ぐために、国家の大祭として毎年必ず行うように定められていた祭りである。祭りは先ず大神神社で執行され、続いて北へ100メートルほど離れた狭井神社で同じ祭式の祭りが行わ

狭井《さい》神社参道。大神《おおみわ》神社の摂社。本社は南（写真右方向）100 メートルのところにある。

れる。このように『鎮花祭』は両社で行われるわけだが、古くは狭井神社の方が大神神社よりも重視されていたと思われる。このことは、延喜式の『四時祭式』を見ても、神祭料の数量が狭井神社の方がはるかに多いことからも分かる。更に、古記録を見ると、狭井神社は『花鎮社』、『しずめの宮』などと記載されている。以上から、大神神社よりも狭井神社が『鎮花祭』と密接な関係があったものと思われる。なお、狭井神社の社殿の傍らに『薬井戸《くすりいど》』があり、神水がこんこんと湧き出ていて、万病に効くと伝えられている。」と。

大物主神

『日本書紀』の崇神天皇の五年条、および七年条に、次のように記されています。

「五年に、国内に疾疫《えのやまひ》多くして、民死亡《まか》れる者あり、且大半《なかばにす》ぎなむとす。（中略）七年、（中略）神明《かみ》倭迹迹日百襲姫命《やまとととびももそひめのみこと》に憑《かか》りて曰はく、『天皇、なんぞ国の治らざることを憂ふる。もし、よく我れを敬ひ祭らば、必ず当に自平《たひら》ぎなむ』とのたまふ。天皇問ひて曰はく、『かくのたまふは誰の神ぞ』とのたまふ。答えて曰はく（中略）『名を大物主神といふ』とのたまふ。（中略）大田田根子《おおたたねこ》を以て、大物主大神を祭る主とす。（中略）是に、疾疫《えのやまひ》始めて息《や》みて、国内漸く謐《しづま》りぬ。」と。

以上の要点は次のようなものです。「崇神天皇の即位五年めに、国内に疫病が大流行して人民の半ばが死ぬほどであった。七年になり、或る神が倭迹迹日百襲姫命に憑って、自分を祭れば疫病は治まると告げた。それは大物主神であった。そこで、大物主神を大田田根子という人に祭らせたところ、疫病が治まった。」と。

文中に見える「倭迹迹日百襲姫命」は、『日本書紀』では箸墓古墳の被葬者とされている女性で、神がかりするなど、卑弥呼と似た点が多いようです。「大田田根子」は、大物主神の子とされていて、その子孫は大神神社の祭祀を司った氏族です。

大神神社の原点

前記中での注意点は、崇神天皇の時に「疫病が大流行した」ということ、そして、このことが大神神社の起こりに関わっていることです。ところが、「疫病が大流行した」ことは、前に言った「鎮花祭」（疫病の蔓延を防ぐための祭）と関係が深いと考えられます。故に、「鎮花祭」は大神神社の原点に関わる神事であることになります。したがって、大神神社の数ある神事の中でも、古来、特に「鎮花祭」が重視されてきたのも当然のことです。ところが、前に見たように、「鎮花祭」は本社の大神神社よりも摂社の狭井神社の方に関わりが深いのです。そうだとすれば、大神神社そのものの原点が狭井神社にある可能性も考えられてきます。

薬井戸

狭井神社には、前記のように、「薬井戸」という霊水（泉）が湧いています。

狭井神社の「薬井戸」。拝殿の左手の奥。神社名「狭井《さい》」からすると、この泉が御神体であったかもしれない。

「薬」という以上、この泉もまた「疫病」に関係があるので、大神神社の信仰の原点が狭井神社にある可能性は更に大きくなってきます。

狭井神社拝殿。左端の奥に「薬井戸」が湧き出ている。また、三輪山へはなぜかこの神社から登る。

「狭井」という神社名は、泉を御神体としている神社にしばしば見られます。ということは、狭井神社の御神体は、もともとは「薬井戸」という霊水（泉）であった可能性が大きいと思えます。

三輪山への登り口

三輪山への登り口は、大神神社ではなくて、なぜか狭井神社にあります。私も山頂まで登らせて頂いたことがありますが、登山の前に狭井神社で御祓いを受け、神社から貸していただいた白いタスキを掛けて出発しました。それはそれとして、もしかすると、古代にも狭井神社から三輪山へ登っていたのかもしれません。そうだとすれば、狭井神社は三輪山（大神神社の神体山）と直接関わった重要な祭祀場であった可能性が大きいように思えます。

社殿を除去してみると

ここで、「頭の中で社殿などを除去して、後に何が残るかを考えてみる」という方法を大神神社に適用してみると、残ってくるのは次の三つです。①三輪山（聖なる山）②「薬井戸」（聖なる水）③イワクラ（複数）

以上から推考すると、三輪山の麓に権力的な祭祀が入ってくる以前の（例えば弥生時代の）この地における原初的な信仰の姿は、聖なる泉（薬井戸）を拠り所として、そこから三輪山を拝むものであった可能性があります。換言すれば、聖なる泉に聖なる三輪山の神をお迎えしていたということです。麓の泉の上に聖なる山の神をお迎えするという形は、貴船神社（104頁）や日吉大社（114頁）などにも見られます。

（追記1）古い神社にあっては、本社よりも、摂社か末社、或いは地主神を祭る神社が本来の祭祀に深く関わっている場合があります。本項の狭井神社は研究に値する摂社と言えましょう。「地主神」については日吉大社（114頁）・厳島神社（182頁）などを参照。

（追記2）泉は飲料水に用いられます。水量が豊富な泉は灌漑に用いられることもあります。だが、注意を要するのは「呪水《じゅすい》」です。その水で「洗う」と体の痛いのがなおったり、白髪が黒くなったり、イボが落ちたりするのです。或いは、その水を「飲む」と霊力が付いたり、若返ったり、病気が治ったりするのです。今でも、そうした泉があります。狭井神社の泉を始めとして、泉は「呪水」という観点から研究する必要があります。本書には、しばしば「泉」が登場するので、こうした点にもご注意ください。

（追記3）伊勢神宮における最古の神事は「日別朝夕《ひごとあさゆう》大御饌《おおみけ》祭」とされています。これは年中、毎日、朝夕の二度、「水」・「塩」・「飯」の三者を神に供えるもので、その水は外宮の上御井神社（泉）で汲むことに決まっています。これからすると、「水」が神への供え物として極めて重要なものであることが分かります。では、なぜ神は「水」を喜ばれるのでしょうか。これは大切な研究課題ですが、同時に、そうした重要な水を汲む「泉」の研究もまた大切ではないでしょうか。

○関連地図は19頁に。

奈良県

藤原京の大極殿《だいごくでん》の位置

藤原京は大きな都

藤原京は、奈良に平城京が営まれる前、持統・文武・元明の三代の天皇が都したところです。発掘調査の結果、平城京に負けないくらいの大きな都であったことが分かりました。この都が造られたのは持統天皇の時ですが、ここに都を造ることを計画したのは天武《てんむ》天皇とされています。

藤原京の位置の決定

本項での問題は、藤原京の位置です。即ち、天武天皇が、朝廷の総力を挙げて前例を見ない大きな都を造るのに、何故この場所を選んだのかということです。その理由として、多くの研究者が、ここが耳成《みみなし》山・畝傍《うねび》山・香《か》具山《ぐやま》の大和三山に囲まれている点を挙げておられます。三山はいずれも聖なる山ですから、その中央に都を造ろうとしたのだろうということです。また、都が古い道筋に沿うように計画されたのではないかという人もおられます。

天武天皇と中国思想

天武天皇は古代中国の易《えき》や道教《どうきょう》などの理解者・共鳴者であったようです。例えば、この天皇が定めた八色《やくさ》の姓《かばね》の最高位に置かれた「真人《まひと》」は道教の達人の意味ですし、その御陵が易に関係深い八角形に造られているのも周知のことです。故に、天武天皇が藤原京の位置を定めるに当たっても、中国思想が関わっていた可能性がありますが、その一つが「冬至の太陽祭祀」です。これは、中国では天子が自ら司祭者となって執行する極めて重要な祭祀ですから、天武天皇が「冬至の太陽祭祀」を意識していた可能性は十分あります。現地で磁石をあててみたところ、「藤原京の大極殿《だいごくでん》からの冬至の日の出線は香具山の方向に行き、冬至の日の入り線は畝傍山の方向に行く」ことが分かりました。

冬至の日の出と日の入りを同時に拝める位置はただ一点のみ

ここで、初めに提出しておいた「天武天皇が藤原京を造るのに、何故この場所を選んだのか」という問題に戻りますが、私は次のように考えています。

香具山と畝傍山は自然の山ですから、その位置を動かすわけにはいきません。掲載の略地図を見れば分かるように、香具山の方向から昇る冬至の朝日と畝傍山の方向に沈む冬至の夕日を、双方ともに拝める地点は一ケ所しかありません。それが藤原京の大極殿の位置です。天武天皇は、この観点から、先ず大極殿の位置を定め、

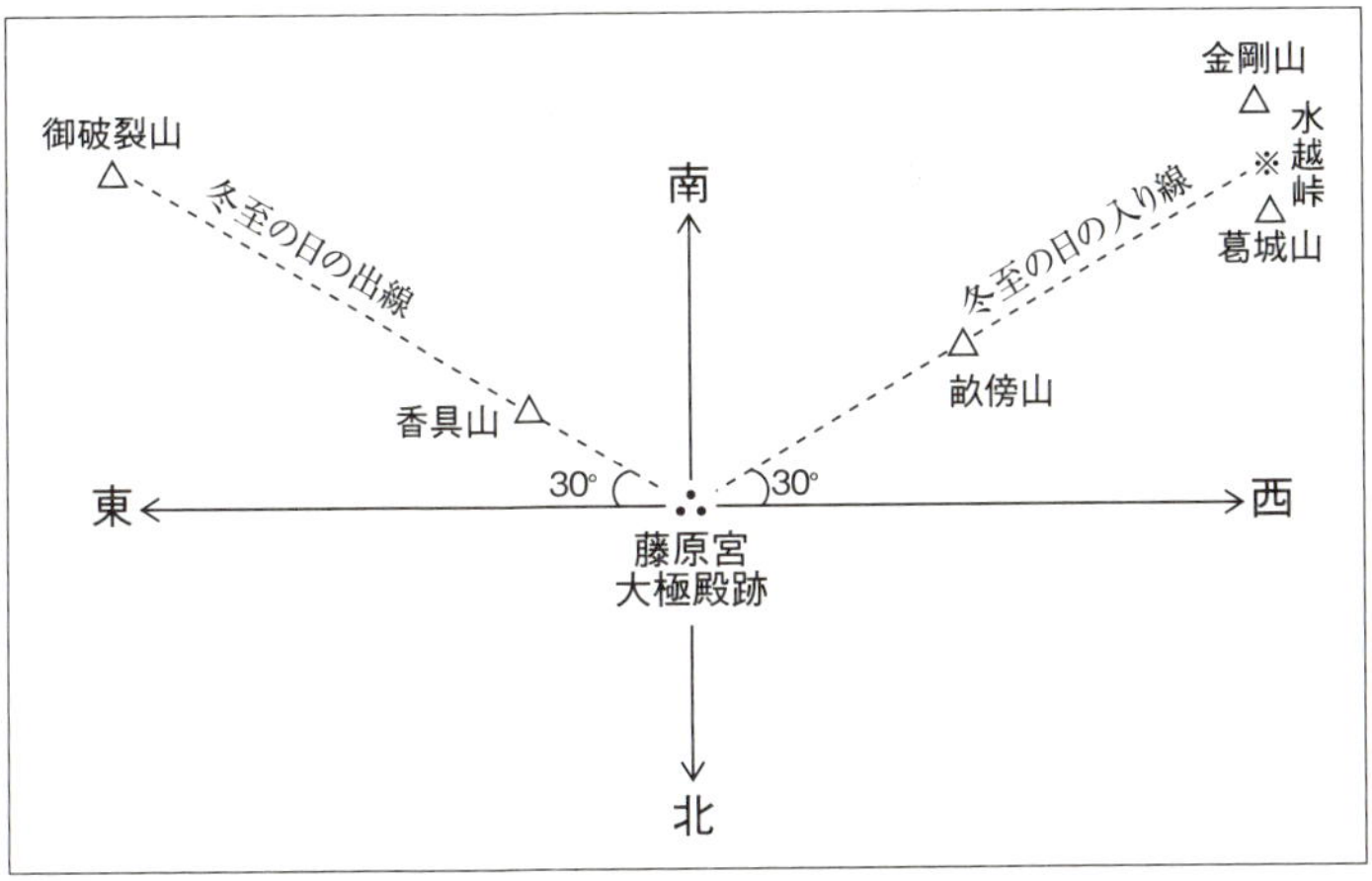

香具山の方向から昇る冬至の朝日と畝傍山の方向に沈む冬至の夕日を、双方ともに拝める地点はただ一ヶ所しかない。その唯一の地点を大極殿の位置とした。こうした発想のできる人物は天武天皇以外には考えられない。

藤原京の大極殿跡から見た香具山。背後の高い山が御破裂山《ごはれつ》。大極殿跡から見ると、冬至の朝日はそこ（矢印）から昇る。

大極殿跡から見た畝傍山。背後の高い山は左が金剛《こんごう》山、右が葛城《かつらぎ》山。大極殿跡から見ると、冬至の夕日はその鞍部（矢印）に沈む。

次に大極殿を中心にして藤原京の全体構造を設計されたものと考えて間違いないと思います。

御《ご》破《は》裂山《れつやま》と水《みず》越峠《ごしとうげ》

冬至の太陽は、前記のように、「香具山の方向」から出ますが、実際に朝日が昇るのは、この山の背後方向に見える御破裂山で、この山は藤原鎌足を祭る談山《たんざん》神社の神体山です。また、冬至の太陽が沈むのも、前記のように、「畝傍山の方向」ですが、実際に夕日が沈むのは、この山の背後方向に見える水越峠です。この峠は葛城山《かつらぎさん》と金剛山との鞍部に当たり、河内と大和を結ぶ古道が通っています。なお、葛城山も金剛山も共に聖なる山であることは言うまでもないことです。

天武天皇による冬至の太陽祭祀

「冬至の太陽祭祀」についての詳細は、「交野《かたの》における冬至の太陽祭祀」（56頁）を見て頂きたいと思います。この項の内容の中心は桓武天皇による冬至の太陽祭祀ですが、わが国の歴史上で冬至の太陽祭祀を執行したのは桓武天皇だけです（追記1参照）。だが、天武天皇もこの祭祀を執行しようと考えていたのではないかと、推測されます。その根拠は二つです。一つは、前記のように、この天皇が古代中国の易や道教などの理解者・共鳴者であったことです。いま一つは、これも前記のように、天武天皇が藤原京の大極殿の位置を、香具山の方向から昇る冬至の朝日と畝傍山の方向に沈む冬至の夕日を、双方ともに拝める地点に求めたと推測されることです。即ち、これは、この天皇が、この大極殿（祭祀を行うのに最も大切な建物）において、冬至の太陽祭祀を執行しようとしていた証《あかし》と言えましょう。だが、残念ながら、天武天皇の生存中には藤原京の大極殿は建設されなかったので、冬至の太陽祭祀のことも実現しなかったのではないでしょうか。

（追記1）「太陽祭祀の資格」があるのは、中国では天子だけで、諸侯にはその資格がありません。それほど太陽祭祀は重要で格式の高いものです。歴代の天皇の中で、天武天皇と桓武天皇は、中国の天子に負けないぞという気概を胸に秘めたファイトある天皇だったのではないかと、私は思っています。藤原京や長岡京・平安京という大きな都を建設しようとしたのも、この両天皇ですから。

（追記2）厳密に言えば、文徳天皇が冬至の太陽を祭ったことが『文徳実録』に記されています。その場所はやはり交野《かたの》です。

（追記3）一度、藤原京の大極殿の位置に立って、周囲の山々を眺めてみることをお勧めします。三輪山や二上山もよく見えます。この地点くらい、一度に多くの聖なる山々を眺めることのできるところは、他にないのではないかと、私は思っています。なお、大極殿は大内裏《だいだいり》朝堂院《ちょうどう》の正殿で、祭祀上・政治上の最も重要な建物です。

（追記4）何年か前、私は、東京の大和《だいわ》書房発行の季刊誌『東アジアの古代文化』の編集部へ、『藤原京の大極殿の位置』と題する論文（原稿）を送ったことがあります。その要点は、「香具山方向から昇る冬至の朝日と畝傍山方向に沈む冬至の夕日を同時に拝むことができる地点は、ただ一か所で、天武天皇はそこを大極殿の位置にして、藤原京を設計したと考えられる。」というものでした。ところが、編集部から次のような御返事を頂きました。「実に興味ある内容ですが、既に小社の会長大和岩雄《おおわいわお》が『日本国はいつできたか』（単行本）の中で、このことを論じていますので、残念ですが、原稿はお返しします。なお、その本を同封しますので…」と。以上のような次第で、私が自分の頭で考えついたのは事実ですが、既に他の方が発表されたものは致し方ありません。だが、この内容は、なかなか興味あることと思いますので、以上のことをお断りした上で、敢えてここに掲載させていただくことにしました。ご了承ください。

なお、大和氏と私では、相違点があります。それは、以下の点です。

「藤原京を造るに際して、先ず最初に定めたのが大極殿の位置であり、それを基点にして藤原京全体の設計が行われた。」とするのが、私の考えだということです。つまり、どういう場所に大極殿の位置を定めたのかを追求するのが最終目的ではなく、「藤原京の位置は何を基にして決められたのか」という疑問に対する答えを出すのが最終目的だったということです。

奈良県

畝傍《うねび》山・香具《かぐ》山の埴《はに》

畝傍山の山頂の埴土《はにつち》

大阪市の住吉大社では、昔から畝傍山の山頂の埴土を採って祭祀用の土器を作るしきたりになっています。真弓常忠氏の著『日本古代祭祀の研究』（学生社）には、要旨次のように記されています。

「毎年、二月と十一月の二回、住吉大社では、祈年《としごい》・新嘗《にいなめ》の両祭に先立って、この両祭に用いる土器を作るための埴土を畝傍山の山頂で採取する。これを『埴使《はにつかい》』といい、恒例の神事となっている。畝傍山の西麓にある畝傍山口神社の宮司の先導により山頂に至る。山頂に玉垣をめぐらした中に樫の木があり、その根元から埴土を採取する。古法にしたがって、榊の葉を口に含み、採取すること三掴み半。箱に収めて下山する。」と。

畝傍山の山頂。玉垣をめぐらした中の樫の根元から埴土を採る（吉岡孝司氏撮影）。

香具山の山頂の埴土

『日本書紀』（神武天皇即位前紀）には、大和に入った神武天皇に対して、神が次のように教える記事が載っています。

「天香山の社の中の土《はに》を取りて、天平《あまのひら》瓮《か》八十枚を作り、併せて厳瓮《いつへ》を造りて、天神地祇を敬ひ祭れ。かくのごとくせば、虜《あた》自づからに伏《したが》ひなむ。」と。

天皇は神のお告げに従い、家来に蓑笠《みのかさ》を着させて、香具山の山頂の土《はに》を採り、それで土器を作り、神を祭ったところ、大和を平定できたのでした。

更に、『日本書紀』の崇神天皇十年条に、倭《やまと》迹《と》迹《と》日《ひ》百《もも》

香具山の山頂。古代に埴土を採ったのはこの辺りか。

襲《そ》姫命《ひめのみこと》が吾《あ》田《た》媛《ひめ》の反乱を事前に天皇に忠告する場面があります。

「吾田媛、密かに来たりて、倭《やまと》の香山《かぐやま》の土を取りて、領《ひ》巾《れ》の頭《はし》に裹《つつ》みて祈《の》みて曰《まう》さく、『是《これ》、倭国の物実《ものしろ》』とまうして、即ち反《かへ》りぬ。」と。

吾田媛が反乱を起こす前に香具山《かぐやま》の土を採りにきた理由は、それが「倭国の物実」と考えられていたからです。即ち、香具山の埴土で作った土器を据えて祈れば、大和国を支配できるというわけです。

聖なる山の山頂の埴土には霊力

以上から、古代にあっては、畝傍山とか香具山などの聖なる山の山頂の埴土には大きな霊力があると考えられていたことが分かります。

こうした伝承のある山が、お互いの郷土にはないものでしょうか。

（追記）和歌山市に鎮座する日前《ひのくま》・国懸《くにかかす》神宮の祭祀に用いる土器を作る時は、名草山《なぐさやま》の山頂の埴土（142頁）を用いたようです。

土器自体を供えた・土器は呪具

右に見たように、古代では、畝傍山・香具山など（聖なる山）の山頂の埴《はに》には「呪力」があると考えられていました。故に、そうした埴で作った土器には「呪力」があると考えられていたのです。普通に考えれば、祭祀用の土器（例えば、器台・壺など）は、供え物を載せたり、酒を入れたりするための道具です。つまり、神に供えるのは、土器に「載せた物」・「入れた物」であって、土器を供えるのではありません。しかし、古代では「土器自体が供え物であった」可能性が考えられます。というのは、「呪力」を蔵していたのは土器であったからです。上に載せたり、中に入れたりした物が呪力を持っていたわけではありません。「土器は空《から》でもよかった」のであり、それは「土器を供えていた」ということになります。別の言い方をすれば、「土器は呪具」であったということです。

（追記）考古学の話ですが、古墳の周囲に立てた「円筒埴輪」の起こりは、弥生後期の吉備で作られた「特殊器台・特殊壺」にあるとされています。当時の吉備では墳丘を持った首長墓が築かれたのですが、葬儀の際、墳丘墓上に立て並べられたのが「特殊器台・特殊壺」とされているのです。その起こりは、倉敷市の楯築《たてつき》墳丘墓で用いられた「特殊器台・特殊壺」で、「立坂型《たてざか》」と呼ばれています。以後、形や文様などが変化してゆきますが、古い順に「向木見型《むこうぎみ》」・「宮山型」などの名で呼ばれています。ここでの問題は「特殊壺」がどのように用いられたかです。酒を入れて、首長の葬儀の後で皆で飲んだとも考えられますが、「向木見型」や「宮山型」では、壺を焼く前に（粘土の時に）底に相当大きな穴を開けているので、酒を入れることは出来なかったはずです。一番古い「立坂型」も、底に小さな穴がありますが、これは焼いた後にコツコツついて開けたことは明らかです。葬儀に用いた物だから二度と用いないという意味で、穴を開けたのだろうとする人もいます。ところが、「立坂型」の場合も、穴を開けたのは葬儀の前ではないかとする有力な学説があるのです。つまり、①粘土で壺を作り、焼く。②底に穴を開ける。③墳丘墓の上に運んで「特殊器台」の上に載せ、葬儀をする。以上のように、「特殊壺」が、その始まりから、底に穴が開けられた壺であったとすれば、それは、その中に入れた物を供えるのではなく、「壺」そのものを供えるという考えがあったということであり、その時期は弥生後期ということになります。

○関連地図は28頁に。

奈良県

飛鳥坐神社《あすかにます》

飛鳥坐神社（略地図①）

奈良県明日香《あすか》村飛鳥に鎮座。この一帯には、甘樫丘《あまかしのおか》や飛鳥寺、あるいは酒船石など、古代を物語る遺跡や史跡が集中しています。神社は元々は雷《いかずちの》丘《おか》にあったが、天長六年（829年）ここに遷座したと伝えられています。宮司の飛鳥氏は八十六代も続いた名家として知られます。民俗学者折口信夫氏は飛鳥家の親族筋になるそうです。

飛鳥坐《あすかにます》神社の拝殿の背後の三つ鳥居。そのむこうにイワクラがあるが、そこは禁足地。（略地図①）

この神社に関する注意点は、本殿がなく、拝殿だけで、拝殿の背後に三つ鳥居があり、その背後に石があり、その石が御神体とされていることです。この石はイワクラですが、三つ鳥居の背後は禁足地なので見ることはできません。なお、「拝殿の背後が開く」ようになっています。以上のことは、古代の祭祀のあり方を伝えて

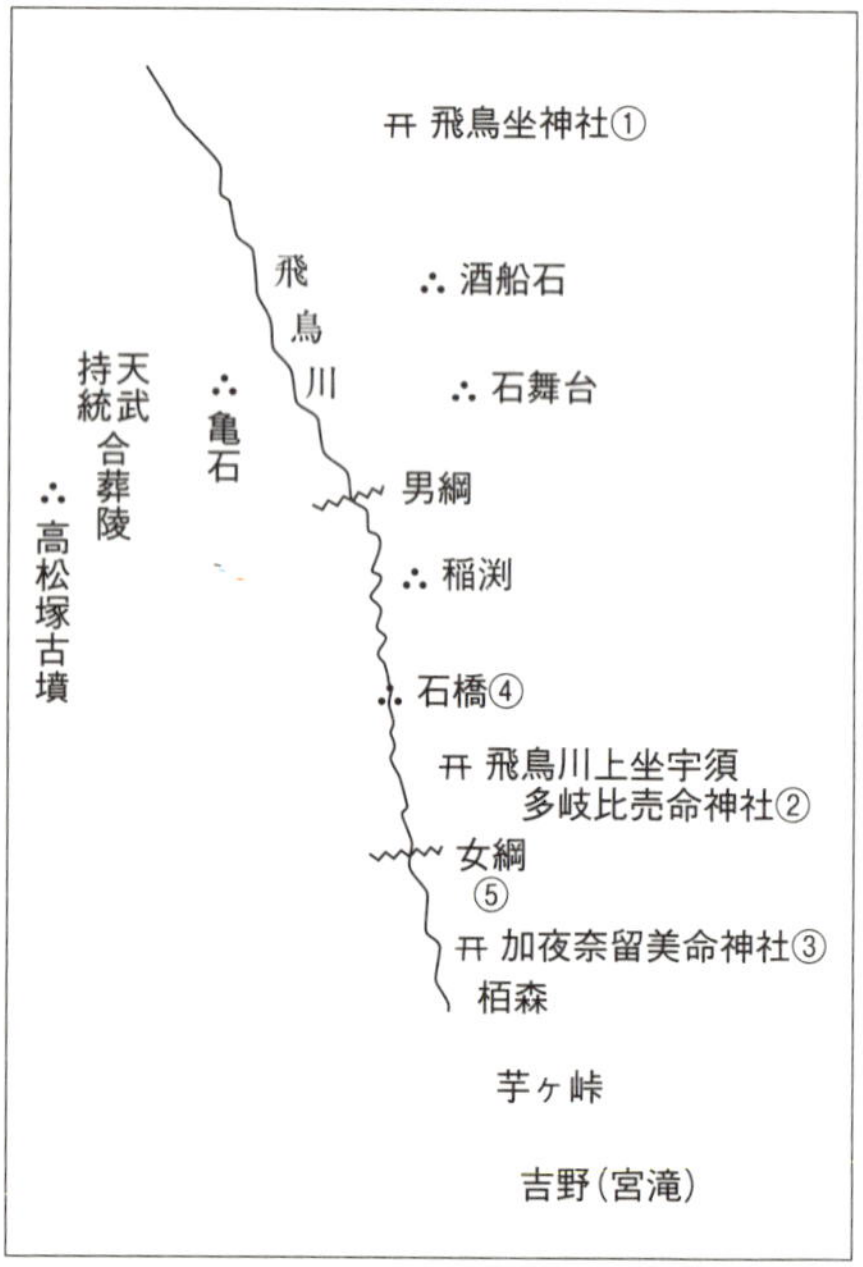

飛鳥川上流付近

いる神社に見られる特色であり、前に述べた大神《おおみわ》神社と大変よく似ています。

飛鳥川《あすかのかわ》上《かみ》坐《にます》宇《う》須《す》多《た》岐《き》比売《ひめ》命《のみこと》神社（略地図②）

飛鳥坐神社の摂社で、飛鳥川を遡った稲渕《いなぶち》の山腹に鎮座しています。注意点は、本殿がなく、拝殿だけで、その背後に扉があり、そこから背後の大きな土塊（土まんじゅう）に向かって渡り橋が掛けられていることです。この土塊が何かは不明ですが、古墳かもしれません。いずれにしても、その位置から推測して、この土塊が御神体に当たるものと思われます。

飛鳥川の上流（稲渕《いなぶち》）の「石橋」。とび石に見えるが『万葉集』には「石走」とある。（略地図④）

飛鳥川の上流（稲渕）にかかる勧請《かんじょう》綱。男綱と女綱があり、写真は女綱。（略地図⑤）

加夜奈留美命《かやなるみのみこと》神社（略地図③）

飛鳥坐神社の摂社で、飛鳥川の上流栢森《かやのもり》に鎮座。注意点は、祭神が「加夜奈留美命」であることです。というのは、有名な「出雲国造神賀詞《いずものくにのみやつこのかむよごと》」の中に、「賀夜奈流美命の御魂を飛鳥の神奈備《かむなび》に坐せて、云々」とあるからです。

（追記1）「かやなるみのみこと」は吉備にも関係があります。というのは、備中国の大社吉備津宮の社伝によれば、この神社の最古の神職は「かやなるみのみこと」とされているからです。即ち、飛鳥と吉備に同名の人物がいたわけです。一方、古代備

加夜奈留美《かやなるみ》命神社。飛鳥川の上流 栢森《かやのもり》に鎮座。（略地図③）

中国の中心は賀《か》陽《や》郡でしたが、この郡の郡司は賀陽氏で、この氏族は代々吉備津宮の宮司を務めていました。つまり、賀陽氏は備中国の祭祀権と政治権の両方を握っていた有力氏族であったわけです。故に、前記の「かやなるみのみこと」という人物が吉備津宮の最古（初代）の神職であったという社伝はつじつまが合っていることになります。一方、吉備の勢力が大和に入って箸墓古墳を造ったとする有力な学説があります。私は以前からこの説を採っています。そうだとすれば、吉備の「カヤ氏」が大和で最も早く開けた飛鳥川の栢森（カヤノモリ）に来ていたとしても不合理はありません。そして、彼らが祀ったのが、栢森に鎮座する加夜奈留美命神社だというわけです。

或いはまた、吉備の「賀陽（カヤ）郡」も飛鳥の「栢（カヤ）ノ森」も、朝鮮半島の南部（カヤ）からの渡来人が住み着いたことによる地名と考えることも可能です。

「かやなるみのみこと」は女性（巫女的な女性首長）かもしれません。「いざなみのみこと」もそうですが、語尾に「ミ」が付くのは、女性の場合が多いようですから。女性首長については１４６頁の（追記２）を参照。

（追記２）「吉備勢力の大和への進出」については、拙著『吉備の中山と古代吉備』（吉備人出版）所載の「矢《や》藤治《とうじ》山古墳」の項を参照してください。

（追記３）前記の栢森を過ぎて「芋ケ峠《いもがとうげ》」を越えると、吉野です。『日本書紀』によれば、持統天皇は何度も何度も、この峠を越えて吉野に行幸しています。その在位年数は十一年ですが、吉野への行幸は三十一回に及びます。その目的は、吉野の宮滝の水で、それが「若返りの霊水」と考えられていたからとする研究者もいるようです。飛鳥川を遡ることは、仙境への道であったのかもしれません（32頁の略地図参照）。

奈良県

本《もと》薬師寺跡の塔の心礎《しんそ》

本薬師寺　金堂跡の礎石。

奈良の薬師寺と飛鳥の薬師寺

本薬師寺《もとやくしじ》は奈良県橿原市城殿《きどの》町にあります。今日有名な薬師寺は奈良市西の京にありますが、この寺は説明するまでもなく、国宝の東塔をはじめ、御本尊の薬師如来像、あるいは仏足石などで著名です。近頃は西塔・金堂なども復興され、七堂伽藍の整っていた昔の姿が、ほとんど蘇りました。周知のことですが、この寺ははじめは飛鳥にありました。天武天皇九年（680年）に造営が始まり、養老二年（718年）に平城京に移されるまで、藤原宮の大極殿跡の南西にあった大寺です。したがって、その跡を「本薬師寺」と呼んでいるわけですが、金堂の跡には方形の柱座を持つ立派な礎石が並んでいます。更に、その南東と南西には田の中に土壇があり、そこには大きな塔の心礎や礎石が残っています。

本薬師寺の東塔の心礎

本薬師寺に関する注意点の第一は、塔の心礎の柱穴です。私はこれまでに数多くの心礎を見ましたが、これほど大きくて立派な柱穴は見たことがありません。

畝傍山との位置関係

本薬師寺に関する第二の注意点は、東塔と西塔を結んだ線上に畝傍山が位置していることです。即ち、三者は

本薬師寺　東塔の心礎。中央の深い穴が舎利《しゃり》孔。

東西に一直線になっているということです。

冬至の日の出・日の入り

第三の注意点は、本薬師寺からの冬至の日の出線は、

東塔跡から見た西塔の土壇。その延長線上に見えるのが畝傍山。東塔・西塔・畝傍山は東西に一直線になっている。なお、西塔跡の心礎には舎利孔はない。（写真は梅雨時のもの）

談山《たんざん》神社の鎮座する多武《とうの》峰《みね》に行くこと、及び、冬至の日の入り線は金剛山に行くことです。

天武天皇は易や陰陽五行の思想などに深く共鳴していた人物とされていますが、この天皇が最大の力を込めて建立した薬師寺（本薬師寺）ですから、その位置を何の意味もない所に決めたとは思えません。それが畝傍山・多武峰・金剛山などという聖なる山と深く関わっているのは当然のことではないでしょうか。

（追記1）本薬師寺の東塔の心礎には、柱穴の中に、更に舎利孔《しゃりこう》が穿たれています。だが、西塔の心礎には舎利孔はありません。ところが、奈良の薬師寺では、西塔の心礎には舎利孔があり、東塔の心礎には舎利孔がないのです。反対になっているということですが、その理由は不明です。

（追記2）奈良の薬師寺は飛鳥の薬師寺を「移した」ものと言われます。だが、「移す」というのは、具体的にはどういうことなのでしょうか。全ての建物を分解して、奈良まで運んで、再び組み立てて建て上げたということなのでしょうか。だが、飛鳥には、かなり後まで薬師寺が立っていたとする学説もあります。それだと、或

奈良市の薬師寺境内の西塔心礎。舎利孔がある。本薬師寺とは逆でここの東塔には舎利孔はない。写真は昭和40年（1965）のもの。今ではこの上に西塔が再建され、この心礎を見ることはできない。

奈良市の薬師寺の西塔心礎（上の写真と同じ）。水面にうつっているのは東塔の九輪。「水煙」も見える。今ではこうした写真はうつせない。

る期間、薬師寺は二つあったことになります。また、その場合でも、御本尊の薬師如来像だけは飛鳥から奈良へ運んだとする学説もあるようです。

人は、分かっているように思ってしまっていることが多いようです。もう一度、自分の頭で考えてみることが大切なのかもしれません。

（追記3）塔は、本来、仏舎利《ぶっしゃり》（釈迦の遺骨）を納めるための建造物です。故に、塔の心礎に「舎利孔」、つまり、仏舎利を納めるための孔《あな》が設けられているのが正式です。だが、次第に「舎利孔」のない心礎が増えていったようです。

（追記4）本薬師寺の塔の心礎は、写真に見るように、基壇の上に据えられていますが、法隆寺や、その前身とされる若草《わかくさ》伽藍《がらん》などでは、心礎は基壇の中に埋められていました。最古の寺と言われる飛鳥寺（法興寺）も同じです。ということは、塔の中心柱の根元が地下に埋められていたということです。

（追記5）心礎は、古代史を勉強するのに役立ちます。例えば、或る場所で、奈良時代の瓦が沢山出て、礎石も数個見つかったとします。何か建物があったことは確かですが、もしかすると、郡役所などの跡かもしれません。だが、「心礎」が見つかれば寺と断定できます。ただし、心礎の位置が昔のままでないと困ります。後世に動かしている場合もあるからです。「不動の心礎」があれば、そこに大きな寺があったと判断できます。官立の寺でないならば、その寺を建てた有力な氏族が、近くに住んでいたことも推測できます。地方で、飛鳥・白鳳・奈良の寺が残っていることは、先ずありません。ほとんどが廃寺ですが、そうした廃寺を調べる時、心礎は大変役立つものだと思います。
○関連地図は28頁に。

奈良県

東大寺二月堂のイワクラ

二月堂の観音

東大寺二月堂は「お水取り」で有名です。毎日新聞社刊『秘仏』に収められている上越教育大学助教授の川村知行氏の「東大寺二月堂の秘仏十一面観音」と題する論文の中に、要旨次のように記されています。

「二月堂には大小二躯の十一面観音が安置されている。大観音《おおがんのん》・小観音《こがんのん》と呼ばれ、共に絶対の秘仏であり、天平の昔から千二百年以上も続く修二会《しゅにえ》の御本尊である。修二会は、三月一日（旧暦二月一日）から二週間、毎日六回の行法が繰り返され、さまざまな法要が行われる。前半の七日間は大観音が本尊、後半の七日間は小観音が本尊である。お水取りは、三月十二日の深夜、二月堂下の若狭井《わかさい》から水を汲んで本尊に供えるもので、修二会の代名詞になっている。また、毎夕練行衆が上堂する時に松明《たいまつ》が先導し、堂の欄干に振りかざされるので、火の

東大寺の二月堂。堂の下は大岩盤。御本尊大観音は直接岩盤の上に立っておられると推測される。この岩はイワクラで、ずっと古い頃の共同体の人たちはこれをヨリシロとして、すぐ東に見える聖なる若草山（春日山）を拝んでいたものであろう。

祭りの様相を呈する。大観音は、内陣の須弥《しゅみ》壇《だん》の中央に、四本の柱で支えられた天蓋《てんがい》の下に帳《とばり》で覆われ、のぞくことはできないが、須弥壇の下は岩座で、直接岩盤の上に立っておられるようである。小観音は大観音の前に安置されている。小型の厨子《ずし》の中に納められているが、厨子には扉がなく開かれることもない。諸点を勘案して推測すると、小観音はもともとは二月堂に常置されたものではなく、平生は宝蔵にあって、修二会の期間のみ二月堂に迎え入れられるしきたりで（客仏）、二月堂の本来の本尊は大観音であったと思われる。」と。

二月堂の下の大岩盤

以上の中で注意すべきは、「大観音は直接岩盤の上に立っておられる」の部分です。これからすると、二月堂は大岩盤の上に建っていることになります。仏典には「観音は突き出た岩の上におられる」とありますが、そうした場所に堂を設けるには舞台造りが適します。実際、由緒ある観音霊場の本堂は岩の上に設けられ、舞台造りになっています。例えば、近江の石山寺（１２０頁）・京都の清水寺（81頁）・播磨の書写山（１３１頁）などがそれです。注意すべきは、こうした霊場の本堂の基盤になっている岩は、そこに観音が安置される以前にはどんな岩だったのかという点です。結論から言えば、その岩は以前から聖なる岩（イワクラ）であったと思われます。そして、その岩を崇めていたのは、その地域の共同体の人たちであり、その岩を中心とする地は古くからの神祭りの場であったと思われます。そうした神祭りの場に、後から権力的な祭祀が入って来た（重なってきた）わけです。前掲の石山寺・清水寺・書写山などは、いずれも朝廷に関わるか、有力者に関わる祭祀です。何の意味も持っていないかったただの岩の上に大事な観音を安置したり、それを覆う立派な堂を設けるようなことはないと言えましょう。

（追記）「秘仏」もいろいろで、年に一度とか、三十三年に一度とかに開帳される観音などもあります。これに対して、前記の二月堂の大観音・小観音は「絶対の秘仏」で、天平の昔から誰も拝んだことがありません。他に「絶対の秘仏」は、浅草の観音と善光寺の阿弥陀如来の二仏だけです。

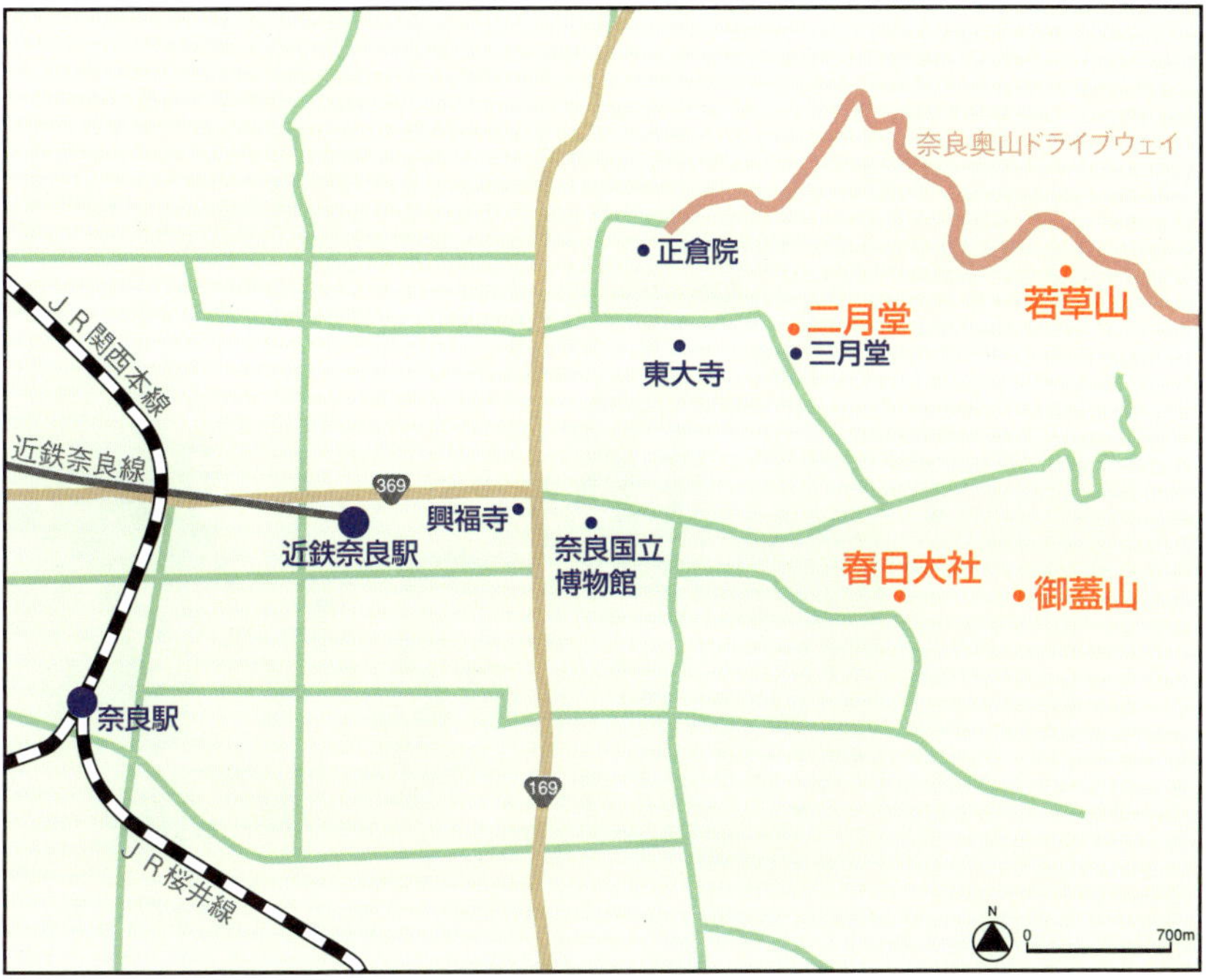

奈良県

若草山

「ミカサ山」

奈良に行く人は、たいてい若草山の麓を通ります。この山はなだらかな丸い丘が三つ重なった形をしていて、三笠山《みかさやま》とも呼ばれています。高さは海抜342メートル。芝焼きで有名です。混同されやすいのが、すぐ南の高さ297メートルの御蓋山《みかさやま》ですが、この山は春日大社の神体山です。阿倍仲麻呂が唐で日本のことを偲んで歌った時の「ミカサノ山」は、後者です。

若草山からの眺望

若草山の山頂の一段高い所に「鶯塚《うぐいすづか》」と呼ばれる前方後円墳があります。全長103メートルの立派な古墳ですが、ここからは、320度ほどの展望が開け、南には遠く飛鳥をも望むことができます。畝傍山も見えます。つまり、大和盆地を見はるかすことができるわけです。これを逆に見れば、この古墳は大和盆地のどこからでも仰ぎみることができたわけです。一般に、古い古墳は山頂に築かれたものが多いようです。

若草山からは、すぐ真下に東大寺の大仏殿が見えます。大仏殿を上から見ることのできるのはこの山だけかもしれません。実は、大仏殿・二月堂・若草山の山頂は東西に一直線になっているのです。これからすると、前にお話しした二月堂の堂下の磐石（イワクラ）をよりどころとする古代祭祀は、真

若草山山頂の前方後円墳（鶯塚古墳）。この古墳は大和盆地のどこからでも仰ぎ見ることができたはずである。

若草山の上から西方を眺めたもの。眼下にみえる大きな堂が東大寺大仏殿。むこうに奈良市街が広がる。更にむこうに平城京大極殿跡、ずっと遠くに生駒山が見える。

東の若草山、更には、若草山から昇る太陽を拝むものであった可能性が大きいと思えます。

東に若草山を望む

大仏殿が今の位置に設けられた理由も同様な観点から考えてみることが必要です。なぜならば、大仏殿をいま少し南、あるいは北に建ててもよいのに、今の位置に建てた理由が説明しにくいからです。更に、これと同じ線上に、平城京で最も重要な建物である大極殿《だいごくでん》を含

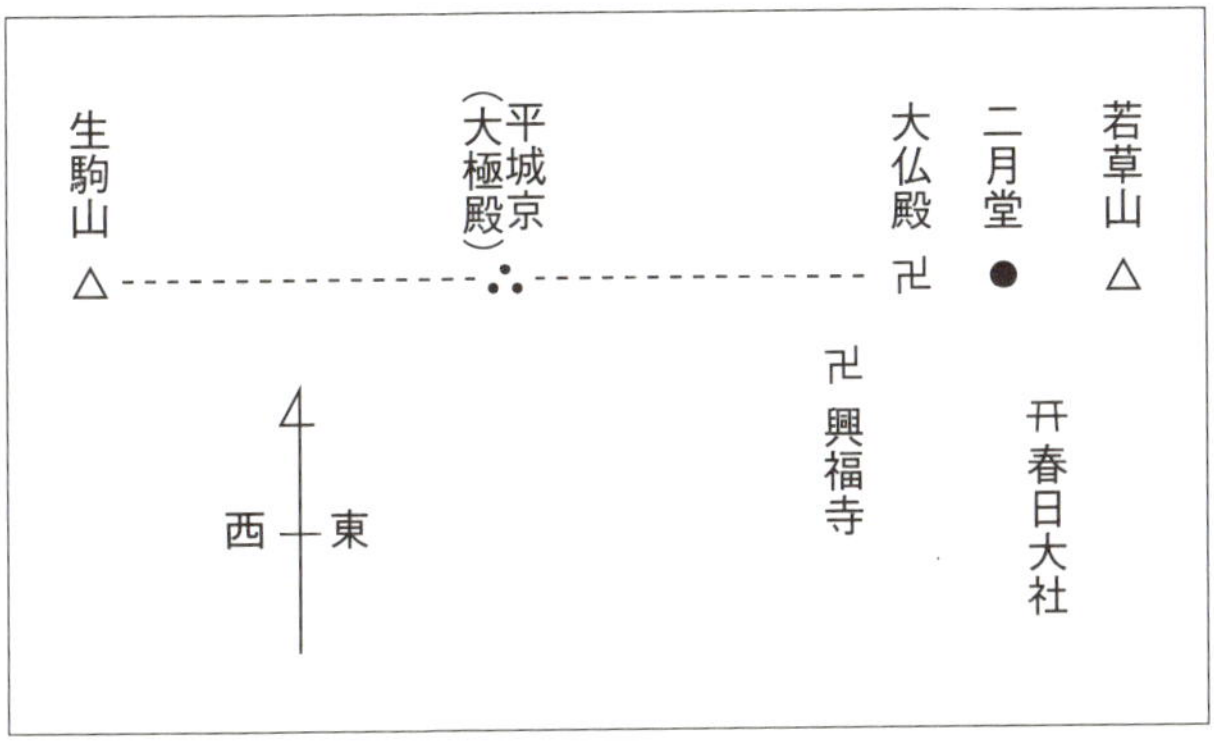

東から西へ若草山・二月堂・大仏殿・平城京大極殿跡・生駒山が一直線になっている。大仏殿や平城京大極殿から見れば春分・秋分の朝日は若草山に昇る。

む朝堂院跡がありますが、これも真東の若草山を意識してその位置が決められた可能性が大きいと考えられます。

因みに、平安京の大極殿の真東には大文字山（100頁）がありますが、この山も聖なる山です。その故に、後にこの山で大文字の火を燃やすようになったと思われます。以前に何の意味も持っていなかったただの山で、大文字の火を燃やすという信仰的行事が行われるようになったとは考えられません。

同じように、若草山は芝焼きで有名ですが、それだけの山とは思えません。姿の美しい山です。大仏殿や二月堂が建てられる以前から、この地の人々から崇められていた聖なる山であったと思われます。そして、そうした聖なる山を拝むための山麓の聖地に、権力的な祭祀（二月堂や大仏殿など）が後から入って来たと考えるのが妥当ではないでしょうか。

○関連地図は41頁に。

奈良県

春日の比売神《ひめがみ》

春日大社の起こり

春日大社は、奈良市に鎮座する古社で、『延喜式神名帳』には「大和国。添上郡。春日祭神四座。並名神大。月次新嘗。」とあります。四柱の神をそれぞれ別棟に祭っているので、四棟の本殿が並立しています。

春日大社の起こりは、和銅三年（710年）に藤原不比等《ふひと》が藤原氏の祖神武甕槌命《たけみかづちのみこと》を常陸国鹿島《かしま》から

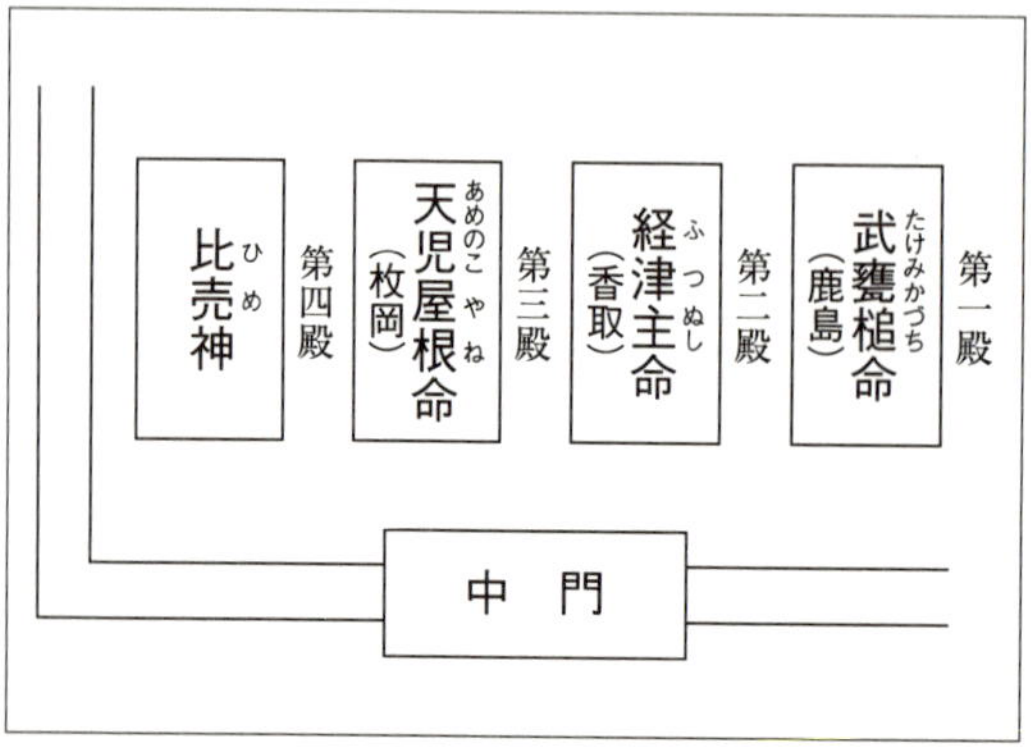

右から四棟の本殿。第四殿に祭る「比売神」が誰かが問題である。

春日大社の中門。その奥は禁足地。本殿は中門の背後に四棟が並んでいる。

勧請《かんじょう》して春日山麓に祭ったことにあります。神護景雲二年（768年）に至り、下総国香取《かとり》から経津主命《ふつぬしのみこと》、河内国枚岡《ひらおか》の天児屋根命《あめのこやねのみこと》を迎え、それに「比売神《ひめがみ》」を加えて四神を祭る四棟の本殿が造営されました。こうしたわけで、今も四棟の本殿が並立しています。

春日大社の比売神

本項の主題は、四祭神の中の「比売神」（以下、ヒメ神）です。これは普通名詞であって固有名詞ではないので、神名は不明ということです。だが、神社ではヒメ神は、前記の枚岡の天児屋根命の后神《きさきがみ》としておられます。しかし、『春日大社のご由緒』（春日大社発行）によれば、ヒメ神を天児屋根命の后神と決めたのは明治以後で、中世には「天照大神《あまてらすおおみかみ》」としていた時期もあったようです。これは、ヒメ神が誰かについての定説はないことの証《あかし》です。

宇佐神宮のヒメ神

春日のヒメ神と同じような「普通名詞のヒメ神」は、九州の宇佐神宮（211頁参照）にも祭られています。この神社の祭神は、応神天皇・神功皇后・ヒメ神の三神ですが、結論から言えば、元々はヒメ神だけを祭っていたと考えられます。中野幡能氏の著『宇佐宮』（吉川弘文館）によれば、「ヒメ神」の候補として宗像《むなかた》の三女神、玉依姫、あるいは卑弥呼などを挙げた研究者がおられるそうですが、いずれも定説にはなっていないとのことです。同書には、次のように記されています。

「八幡宮の特長は、応神天皇（八幡神）が祭神である

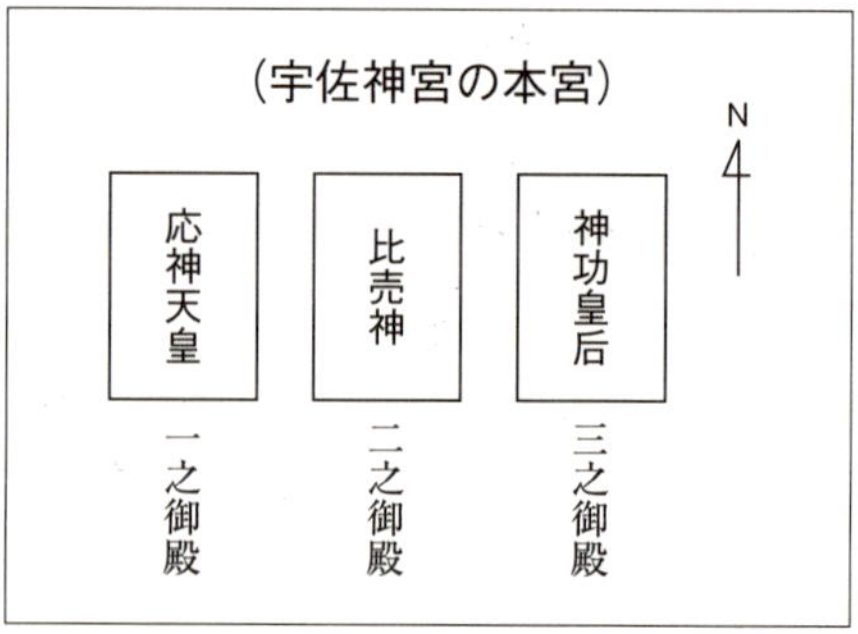

宇佐神宮の「本宮」は三棟の御殿からなる。中央に祀られているのは「比売神」。なお、「神功《じんぐう》皇后」は平安初期（嵯峨天皇の時）に新たに祀られたという。

のに、いつもヒメ神が対等的な立場で登場する。八幡神が品位を貰うとヒメ神も品位をうけ、神領を受領する場合も二神別々にうける。（中略）のち神功皇后が奉斎されるが、皇后の場合には何もこのような品位神封のことなどは見られない。（中略）宇佐宮には神宮寺が二つある。一つは弥勒寺で、これは八幡神（応神天皇）の神宮寺だが、いま一つ別に『ヒメ神宮寺』が作られている。一社に二つの神宮寺を作るということは全国の他の神社に全くみられないことである。」と。

以上から、宇佐神宮のヒメ神が誰であるかは不明であるにもかかわらず、非常に重んじられていたことが分かります。私の結論を言えば、このヒメ神は、ずっと古くから宇佐地域の共同体の人たちが祭ってきた地元の神（地主神）であり、その故に、ヒメ神は普通名詞でよいと思います。なぜならば、固有名詞の神は権力的な神である場合が多いからです。つまり、応神天皇や神功皇后は、後に外部から入ってきた権力的な神であり、宇佐地域の外から来た神（外来神）です。宇佐神宮は、本来はヒメ神だけを祭る神社であったというのが正解でしょう。私は、ヒメ神は宇佐神宮の神体山とされている御《お》許山《もとさん》（２１０頁参照）に鎮まる「山の神」と考えています。同時に、御許山を水源とする「水の神」として崇められていたものと考えられます。「山の神」や「水の神」は女神の場合が多いようです。

春日のヒメ神

春日大社の話に戻りますが、祭神四柱の中の三柱は藤原氏の祖神、即ち、権力に関わる神であり、千葉県や大阪府から勧請した神です。つまり、奈良以外の地から、後から入って来られた神（外来神）です。だが、権力的な神は後から入ってきても、以前から地元の人たちが祭っていた神（地主神）を押し退けて「主神」となる例は多いのです。春日のヒメ神は、ずっと昔から春日山の麓に住んでいた共同体の人たちが祭ってきた地主神と考えられます。宇佐のヒメ神が聖なる御許山に鎮まる神であったように、春日のヒメ神は聖なる春日山に鎮まる神（山の神）であり、同時に、春日山を水源とする「水の神」として崇められていたものと思われます。

枚岡《ひらおか》のヒメ神

枚岡神社は東大阪市出雲井町に鎮座し、河内国の一の宮です。『延喜式神名帳』には、「河内国河内郡。枚岡神社。四座。」とあります。四座の神とは、第一殿の天《あめの》児屋根命《こやねのみこと》、第二殿の比売神《ひめがみ》（以下、ヒメ神）、第三殿の武甕槌命《たけみかづちのみこと》、第四殿の経津主命《ふつぬしのみこと》です。だが、第三殿と第四殿は、宝亀年間（奈良後期）に、春日大社にならって後から設けたものですから、元から枚岡神社に祭られていた神は、第一殿の天児屋根命と第二殿のヒメ神の二神だけということになります。

ここでの問題は、枚岡神社の「ヒメ神」が天児屋根命の后神《きさきがみ》なのかどうかという点です。なぜこの点が重要かと言えば、前に述べたように、春日大社に祭る天児屋根命とヒメ神は、枚岡神社に祭る天児屋根命とヒメ神を、夫婦神として、二神一緒に枚岡神社から勧請したものとされているからです。

結論から言えば、枚岡のヒメ神を天児屋根命の后神とする確証は何もありません。このヒメ神も、宇佐のヒメ神と同じく「普通名詞」の神ですから、枚岡に住んでいた共同体の人たちが以前から祭っていた地主神と考えても差し支えありません。というよりも、そのように考えるのが正しいと思います。そうだとすれば、枚岡にあっても元は地元の人たちはヒメ神だけを祭っていたが、そこに権力的な藤原氏の氏神（天児屋根命）が後から入ってきたと考えるのが妥

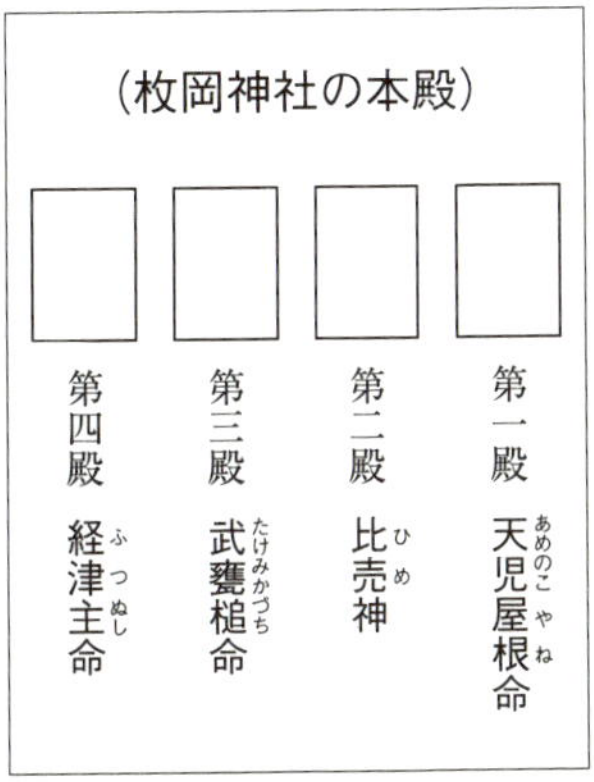

第三殿・第四殿は奈良後期に追加された。もとから祭られていたのは第一殿と第二殿。問題はこの両神が夫婦神かどうかである。

当です。つまり、天児屋根命は枚岡における「外来神」で、天児屋根命とヒメ神は夫婦神ではないということです。

なお、枚岡神社の背後には、大きく見れば生駒山が位置しています。枚岡のヒメ神は、こうした聖なる山の神として、更には、これらの山を水源とする水の神として崇められていたと考えられます。神社の鎮座地は、前記のように、東大阪市出雲井町ですが、境内には「出雲井」という泉をはじめ、「白水井」という泉などが湧いていて、それぞれ社殿の中に祀られています。これらの泉は、全て背後の山からの湧き水と思われます。これは、「枚岡のヒメ神が水の神」であった証《あかし》と言えましょ

枚岡《ひらおか》神社の本殿。東大阪市出雲井町に鎮座。「元春日《もとかすが》」と称された。天児屋根《あめのこやね》命と比売《ひめ》神を主神とするが、両神は夫婦神かどうか疑問。

枚岡神社境内の「出雲井」。鎮座地が東大阪市「出雲井町」というくらい、この泉は重視されている。

う。

春日のヒメ神は春日の地主神

以上のような次第で、春日大社の第四殿に祭る「ヒメ神」は、第三殿の天児屋根命と二神一緒に夫婦神として枚岡神社から勧請されたものではないと言えます。枚岡のヒメ神も春日のヒメ神も、いずれも普通名詞の神名ですから、同一神のように錯覚しやすいのは無理もありませんが、両者は全く別の神です。春日のヒメ神は、春日大社に祭る他の三神がいずれも権力的な藤原氏の祖神であるのとは異なり、春日山の麓に住んでいた共同体の人たちが崇めていた「山の神」・「水の神」と考えられます。即ち、他の三神はいずれも遠方から勧請された「外来神」ですが、ヒメ神だけは、ずっと古くから春日山の麓の人々によって祭られてきた「地主神」だということです。くどいようですが、今一度はっきり言っておけば、春日のヒメ神は春日の地主神であり、枚岡のヒメ神は枚岡の地主神であったということです。

○関連地図は41頁に。

奈良県

春日大社と御蓋《みかさ》山

聖なる御蓋山

歴史の古い神社の本質に迫る方法の一つは、何度か言ったように、「頭の中で目に見える一切の社殿を除去してみて、その後に何が残るかを考えてみる」ことだと、私は考えています。今、この方法を春日大社に応用して、国宝の赤い社殿など一切を頭の中で除去してみれば、後に何が残るでしょうか。結論を言えば、残るものの代表は御蓋山です。この山は円錐形の美しい姿で、ずっと古くから地元の人たちが聖なる山として崇めていたものと思われます。当時は未だ社殿はなく、大和の大神神社が三輪山を拝んでいるのと同じく、聖なる御蓋山（神体山）が神祭りの対象であったはずです。今も山頂には春日大社の本宮《ほんぐう》が鎮座していますが、この山は禁足地で、本宮祭の時だけ神職さんと一緒に登ることができます。これからしても、現在の春日大社にあっても御蓋山が非常に神聖で重要な山として崇められていることが分かります。

権力的な祭祀

前に述べたように、八世紀の初め、平城京が造られた時、政権の中枢にいた藤原氏は東国や河内から自分たちの氏神を御蓋山の麓に勧請しました。即ち、武甕槌《たけみかづちの》命《みこと》・経津主命《ふつぬしのみこと》・天児屋根命《あめのこやねのみこと》などの神々がそれで、それらの神々を祭ったのが春日大社です。これは、藤原氏が

手前の若草山（342メートル）から見た御蓋山《みかさ》（297メートル）。春日大社の本社は右方の山麓にあり、山頂には本宮神社が祭られている。

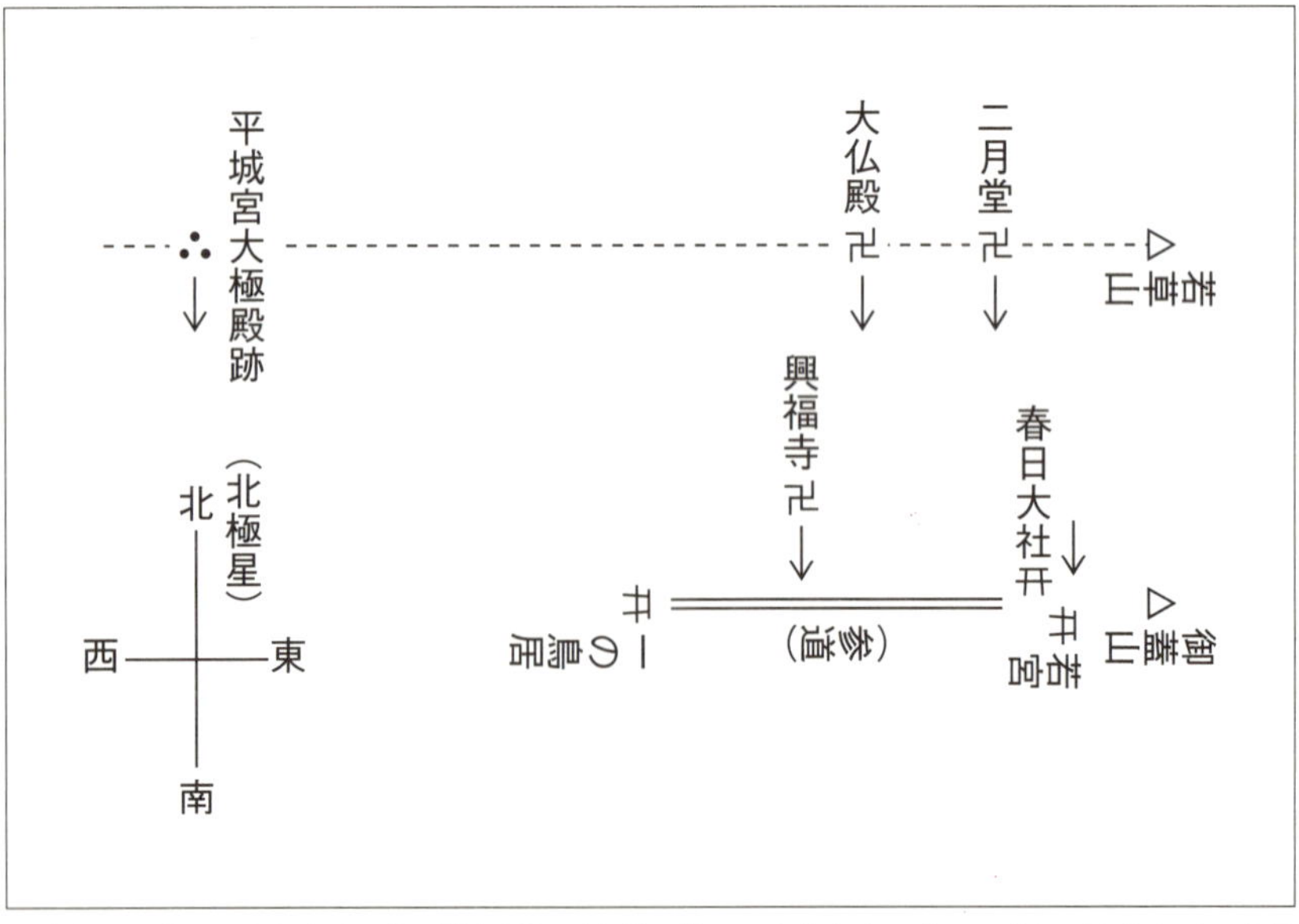

平城京は、北から南を向く。北（北極星）が高位。故に、大仏も南に向いて坐しておられる。春日大社の神も南向き。これは御蓋山を神体山とすることとは矛盾する。若宮のみは正しい方位を保っている。

新しい都の中に自分たちの氏神を持ち込んだということです。

春日大社は南向き

春日大社参道入口の一の鳥居。ここから参道は東へ一直線に続く。行くてに御蓋山がある。参道の方向は聖なる山を中心とする古来の正方向を保っている。本社の向きは南向きで90度異なる。

問題は春日大社の神々が南を向いておられることです。即ち、春日大社の本殿（四棟）は南向きに建てられているわけです。南向きという方位は、平城京の宮殿の向きと同じです。天皇は一番北の内裏《だいり》にあって、そこから南に向いて政治をされますが、これは古代中国で最も崇められていたのが北極星であることに関係があります。即ち、尊いものは北に位置し、北から南に向くのです。東大寺の大仏も南に向いて坐っておられます。春日大社もこれと同じ向きです。したがって、そこに祭られている神を拝む人間は北を向くことになります。ところが、この神社の神体山（御蓋山）は、神社から言って東に位置しているので、神体山を拝むには、人間は90度右に方向転換しなければなりません。ということは、春日大社の本殿の向きと、神体山の向きはチグハグになっているということです。

山は東にある

春日大社の研究書を見ると、次のような記事が目につきます。

「天平勝宝八年（756年）に描かれた『東大寺山堺四至図』（正倉院宝物）には、春日大社の本殿は描かれていない。なぜならば、本殿が設けられたのは神護景雲二年（768年）だからである。注意すべきは、後に本殿が設けられた辺りに方形の一画が示され、そこに『神地』の文字が記されていること、および、『神地』の真東に御蓋山が示されていることである。このことから、以前は『神地』から真東の御蓋山を拝んでいたと推測される。おそらくは、祭りの度毎に『神地』にヒモロギを設けていたと思われる。」と。

平城京が造られた時、藤原氏は自分たちの氏神を遠方から勧請して、聖なる「神地」に社殿を設けて祭ったのですが、藤原氏にとっては、平城京の一画に氏神を祭るという一点が大事でした。したがって、本殿を建てる場所には以前からの聖地（神地）を選んだが、本殿の向きは御蓋山を真東に拝めるかどうかよりも、平城京と同じ南向きにすることを選んだものと推測されます。

（追記1）春日大社の数ある摂社などの中で、御蓋山との方位関係が正しいと考えられるのは、若宮《わかみや》だけです。即ち、人が若宮の前に立つと、東（春日山の方）を向くことになるわけで、これは聖なる山を拝むという古代の神社のあるべき姿です。加えるに、この神社の祭は、「おん祭」と呼ばれ、古来、大和一国を挙げての大祭であり、奈良の年中行事としても最大級のものです。本社の方位が、前記のように、御蓋山とは無関係であるのに対して、なぜ若宮だけが正しい方位を保っているのか、そして、摂社であるにも関わらず、その祭が本社の祭と同じくらい盛大であることなど、若宮は研究に値する存在と言えます。

（追記2）今日、神社の社殿は、春日大社（本社）と同じく、「南向き」に建てられていることが多いようです。この場合、神を拝む人は「北に向く」わけで、前記のように、これは「北極星」の方に向くということです。だが、日本列島では、古くは、春日の若宮と同じく、神を拝む人は「東に向いて」いたのではないかと思います。即ち、聖なる山に昇る「太陽」の方に向いていたということです。「北極星」を重んじるのは中国の思想で、日本列島の人々は「太陽」を拝んでいたということかもしれません。『古事記』では「太陽」は重視されていますが、「星」の記事はほとんど見られないようです。

時には、「北向き」の神社もあります。「北向八幡宮」と呼ばれている神社などです。

神社に参詣された時は、「神社の向き」（神の向き）にも注意してください。

なお、この場合、言うまでもなく、神社の向きと神社の前に立つ人の向きは反対になります。どちらも大切ですが、どちらかと言えば、人の向きが要注意です。神社の背後方向に何か（例えば聖なる山）があるかもしれないからです。
○関連地図は41頁に。

奈良県

平城京の六角形の井戸屋形

六角形の井戸屋形

１９９３年６月５日の朝日新聞に「井戸に六角形の屋形」という大きな見出しで、要旨以下のような記事が載せられました。「平城宮の造酒司跡から六角形の屋形がついた井戸が見つかった。奈良国立文化財研究所が発表。井戸は直径１・４メートル、深さ１・45メートル。井戸枠は杉の巨木をくり抜いた円形。六角形の屋形があったことを示す柱穴を検出。六角形の屋形は平城宮では他に例がなく、単なる醸造用の井戸ではなく、別な用途もあった可能性が高い。」と。

同日発行の毎日新聞も、「ナゾの六角形」という特大の見出しを付けて、前記の朝日と似たような記事を載せています。

以上からすると、二大新聞の記者たちが揃って興味を示しているのは、井戸の大きさとか深さではなく、その屋形が「六角形」という点にあるようです。これは多分、発表に当たられた奈良国立文化財研究所の先生が、「六角」は大変珍しいとしながらも、その持つ意味については説明されなかったからではないかと推測されます。

「六角」の意味するもの

では、「六角」にはどんな意味があるのでしょうか。「水は六」とされていたことは『易経《えききょう》』を見れば分かります。これは孔子も読まれた書で、既に春秋時代には存在していた書です。「易」では「乾《けん》・兌《だ》・離《り》・震《しん》・巽《そん》・坎《かん》・艮《ごん》・坤《こん》」の八卦《はっけ》を最も基本的なものとして重視します。そして、この八卦は順に「天・沢・火・雷・風・水・山・地」の八者を意味する

井戸に六角形の屋形

酒造施設遺構など出土

平城宮跡

奈良市にある平城宮の造酒司跡から、六角形の屋形がついた井戸や酒造施設の遺構、酒のかめの封印用と見られる銅印などが見つかり、奈良国立文化財研究所が四日、発表した。宴会などで多量の酒を消費した平城宮内の酒造りの様子がっきりしてきた、という。

造酒司は、内裏（だい=皇居）や各種の儀式、会で使った酒や酢を醸造貯蔵する役所。その建物は、今回出土した八棟をえ約二十棟が見つかり、そのうち半数の土間に、高一―一・二㍍ほどの酒のかめを据え付けた穴が、一当たり三十―四十カ所あった。

井戸跡は建物群の中にり、直径一・四㍍、深さ・四五㍍。杉の巨木をくりぬいて円形の井戸枠にし、地上にはヒノキの板で四の囲いを設けていた。周には石が敷き詰められ、角形の屋形があったこと

㊤造酒司跡で発見された井戸跡㊦造酒司跡から発掘された銅印　=いずれも4日、奈良市の平城宮跡で

1993年6月5日（土）の朝日新聞記事。見出しに「六角形」の大きな字が見える（朝日新聞社提供）。

◆平城宮・井戸跡◆

ナゾの六角形

奈良・平城宮の「造酒司《ぞうしゅし》」から出土した井戸跡は、六角形の屋根まで備えた豪華なものだった。四日発表した奈良国立文化財研究所によると、平城宮全体で六角形の遺構が見つかったのは初めてといい、醸造所にこうした施設があった理由は不明。さらに、一緒に発見された銅印にも判読不能の記号が刻まれており、ナゾは深まるばかりだ。現地説明会は十二日午後一時半から。銅印は十一日まで、宮跡内の平城宮跡資料館で展示している。

井戸は、醸造棟、管理棟などの建物群のほぼ中心に位置。中をくり抜いたスギ（直径一・四㍍、深さ一・四五㍍）が井筒として埋め込んであった。井筒の周りはヒノキの板枠で囲われ、さらにその周囲に二重円状の石敷きや円形の溝を巡らし、石敷きに六角形をした覆屋の柱穴があった。

町田章・奈文研平城宮跡発掘調査部長は「天皇用の内裏の御井《みい》に匹敵する豪華井戸。酒用の水をとる目的より、神聖な酒を造る際、役人・職人が清めをした井戸ではないか」と推理している。

一方、銅印は縦四・四㌢、横三・九㌢、高さ（つまみを含む）二・九㌢、百十九㌘の純銅製。文字をくぼませて彫り込む「陰刻」であることから、粘土板などで封印する際に押す印らしい。町田部長は、酒の種類によって記号を使い分け

1993年6月5日（土）毎日新聞記事。井戸の屋形が「六角形」であることを疑問としている（毎日新聞社提供）。

のです。したがって、八卦の六番めの「坎《かん》」は「水」です。故に、「水は六」ということになるわけです。因みに、八卦の三番めは「離《り》」ですが、これは「火」ですから、数で言えば「火は三」ということになります。

「易《えき》の八卦《はっけ》」

☷	☶	☵	☴	☳	☲	☱	☰
坤《こん》	艮《ごん》	坎《かん》	巽《そん》	震《しん》	離《り》	兌《だ》	乾《けん》
(地)	(山)	(水)	(風)	(雷)	(火)	(沢)	(天)

右から左へ。「水」は六番めで「六」。▬▬は陽《よう》、▬ ▬は陰《いん》。「天」はすべて陽、「地」はすべて陰。「火」は陰を上下から陽がはさんでいる。「水」は陽を上下から陰がはさんでいる。

また、古代中国の歴史家司馬遷《しばせん》の名著『史記』にも「水は六」が出てきます。『史記』の中の『封禅書《ほうぜん》』という部分には当時の祭祀の様子が記されているのですが、そこに次のように見えています（不必要な部分は省略）。

「黄帝《こうてい》は土徳《どとく》を得、黄龍、見《あら》はれき。夏《か》は木徳《もくとく》を得、青龍、郊《こう》に止まり、草木暢茂《ちょうも》しき。殷《いん》は金徳《きんとく》を得、銀、山より溢《あふ》れき。周《しゅう》は火徳《かとく》を得、赤烏《せきう》の符ありき。今、秦周《しんしゅう》を変ず。水徳《すいとく》の時なり。（中略）ここにおいて、秦、色は黒きを上び、度《ど》は六を以て名となし、（以下略）」と。

以上から「黄帝は土徳」・「夏王朝は木徳」・「殷王朝は金徳」・「周王朝は火徳」を持つと考えられていたことが分かります。そして、周王朝の次の「秦王朝は水徳」を持つ王朝と考えられたのです。そしてまた、「水」は色で言えば「黒」、「度（数）」で言えば「六」だといっているわけです。即ち、「水は数で言えば六」ということです。なお、『史記』の方が『易経』よりも新しいことは言うまでもないことです。

奈良時代の識者たちは『易経』や『史記封禅書』を手にしていたはずです。故に、平城宮の大切な井戸の屋形を「六角形」に造ったのは、特に不思議なことではないと言えましょう。

大阪府

交野《かたの》における冬至の太陽祭祀

『続《しょく》日本紀』に、桓武《かんむ》天皇が延暦四年と延暦六年に、河内国交野《かたの》で天神の祀りを行った記事が載っています。これは「冬至の太陽」を祭ったものです。だが、日本における「冬至の太陽祭祀」について述べるには、先ず、古代中国での冬至の祭祀について説明しなければなりません。

古代中国での冬至の祭祀

前漢の司馬遷《しばせん》の著『史記』の『封禅書《ほうぜん》』や後漢の班固《はんこ》の著『漢書』の『郊祀志《こうし》』には、古代中国で行われた祭祀の様子が記されています。司馬遷（前93年没）は前漢の武帝と同時期の人です。武帝は朝鮮半島に勢力を伸ばし、そこに楽浪郡《らくろう》などを置きました。当時の日本列島は弥生前期の終わりから中期の初めにかけての時期で、楽浪郡などから色々な影響を受けていたと考えられています。班固（92年没）は列島で言えば弥生中期後半の人で、奴《な》国王が後漢の光武帝から金印を貰った頃の人です。故に、『封禅書』や『郊祀志』を調べることは、古代の日本における祭祀のあり方を知る手掛かりになるはずです。

『封禅書』と『郊祀志』

では、『封禅書』や『郊祀志』には、どんなことが書かれているのでしょうか。

○「周官《しゅうかん》に曰く。冬の日至に天を南郊に祀り、長日に至るを迎う。夏の日至に地祇を祭る。皆、舞楽を用う。」と。

右は『封禅書』の記事。「周官」は『周礼』。既に周王朝の時に、冬至には天を祀り、夏至には地を祭っていたことが分かります。また、天の祀りは都の「南郊」で行ったこと、その目的が「長日に至るを迎う」であったこと、および、天地の祭祀に「舞楽」が伴っていたことなども分かります。

○「冬の日至に地上の円丘においてこれを奏す。もし楽《がく》六変すれば、則ち天神皆な降る。（中略）夏の日至に沢中の方丘においてこれを奏す。もし楽八変すれば、則ち地示《ちぎ》皆な出づ。」と。

右は『郊祀志』の記事です。冬至の祭祀は「円丘において」、夏至の祭祀は「沢中の方丘において」行われたことが分かります。

（追記1）北京《ぺきん》に「天壇《てんだん》」と「地壇《ちだん》」があります。これは古代のものではなく、明《みん》王朝から清《しん》王朝にかけての天子が、冬至には天を、夏至には地を祭った石造の壇で

北京の「天壇」。紫禁城《しきんじょう》の南にある。石造の大円丘で三段。皇帝がこの段上で冬至の太陽を祭った。「冬至の太陽祭祀」は皇帝自身が執行した重要な祭（小田昭二氏撮影）。

北京の「地壇」。紫禁城の北にある。石造の二段の方丘。この写真では見えないが周囲に溝が巡らされている。皇帝がここで「夏至の太陽祭祀」を執行した（小田昭二氏撮影）。

す。天壇は市の「南郊」（前記）にあり、白大理石で造られた大「円丘」（前記）で、三段に築かれています。その直径は上層27メートル、中層45メートル、下層63メートルです。地壇は市の北郊にありますが、「沢中の方丘」（前記）とあったように、周囲に堀が巡らされた二段の「方丘」です。天は円、地は方で表すのは「天円地方」の思想によるものです。また、「三」は天に、「二」は地に関わる数です。古代史研究者の中には、前方後円墳の形は、地の「方」と天の「円」を合わせたものと説く人もいます。前方部が「二段」で後円部が「三段」ならば、更に話は合います。

（追記２）原文の掲載は省きますが、冬至に天を祀る時は、「燔《や》く」と言って、柴《しば》や犠牲（牛など）を焼いたようです。つまり、その煙や香りを天へ上げて天神へ供えたわけです。また、夏至に地を祭る時は、犠牲を土中に埋めたようです。地の神は土中におられると考えられていたからでしょう。

修験道の祖役小角《えんのおづぬ》が山中で護摩を焚いたのは、柴を焚いて煙を上げて天を祀っていたものと考えられます。また、雨乞《あまごい》に山頂で火を燃やすのも、煙を空に上げて天神に降雨を願う意と考えられます。天にお願い事をする時の方法は、空に煙を上げるしかないのかもしれません。

桓武天皇による天神の祀り

初めに記したように、『続日本紀』に、桓武天皇が河内国の交野で天神の祀り、即ち、冬至の太陽祭祀を執行したことが記されています。ここにいう「交野」は、今の大阪府北部の枚方《ひらかた》市・交野市の辺りのことです。記事は次のようなものです。

「延暦四年（中略）十一月（中略）壬寅。天神を交野

の柏原に祀る。」（一回め）
「延暦六年（中略）十一月甲寅。天神を交野に祀る。その祭文に曰く。（中略）方今大明南至《たいめいなんし》。（中略）敬て燔《はん》祀《し》の義を采り、云々。」（二回め）。
右文中の「大明」は太陽。「南至」は冬至。「燔祀」の「燔」は柴とか犠牲（牛）などを「燔《や》く」意味。煙や香りを天へ上げるもので、天を祀る時の作法。

交野のどこかが問題

以上から、延暦四年と延暦六年に、桓武天皇が交野で冬至の祭祀を行ったことは確かですが、交野のどこかが問題です。その候補地には次の三説があります。
①片野《かたの》神社説。これは吉田東伍氏の著『大日本地名辞書』によるもの。同書には要旨次のように記されています。「片野神社は式内社。大阪府北河内郡牧村に鎮座。ここが桓武天皇が天神を祀った遺址であろう。『河内志』には郊祀《こうし》壇址を片鉾《かたほこ》にあるとするが確証はない。」と。
②片鉾説。吉田氏が言われるように、『河内志』は片鉾に「郊祀壇」の址があるとしています。郊祀壇とは、『史記封禅書』や『漢書郊祀志』などに見える祭天のための壇で、形は円丘です。そうした壇が実際に見つかれば最上ですが、残念ながら確証はないようです。
③交野天神社説。交野天神社の鎮座地は、大阪府北河内郡樟葉《くずは》（枚方市樟葉）、換言すれば、石清水八幡宮の鎮座する男山丘陵の南麓です。ここは継体天皇の樟葉《くすは》宮の旧址とも伝えられています。境内は樹木も茂り奥床しい雰囲気です。「交野天神社」という名からすれば、「交野における天神の祀り」に最も近い感じですが、やはり確証はありません。
私も右の三候補地に行ってみましたが、いずれも確かではありませんでした。そこで、枚方市教育委員会の大竹弘之氏（考古学）を訪ねました。氏も冬至の祭祀の行われた郊祀壇を、右の三候補地を中心に、前々から追求しておられた様子で、私の質問にも熱心に応答してくださいました。だが、結論はやはり不明でした。

聖なる山を中心に据える方法

今日、古代を研究するのに広く行われているのは考古学的方法です。だが、「ある地域の古代を考える時、その地域で最も聖なる山を中心に据える」という方法があってもよいのではないでしょうか。即ち、初めにその地域で最も聖なる山はどの山かを定め、しかる後に、その山を中心にしてその地域の古代史がどのように展開されたかを考えてゆくのです。大和ならば三輪山を中心に据えるのです。「三輪王朝」という言葉を用いる人もいますし、箸墓はこの山と深い関係があるとする人もいるようです。伊勢の古代を考える時は、内宮の奥の院と言われる朝熊山《あさま》（147頁）を中心に据えるわけです。内宮が有名なので、内宮を中心にした考え方をしがちですが、内宮が何故そこに設けられたかを考究すると、内宮の東に朝熊山があることに気付きます。即ち、内宮は朝熊山という聖なる山と深く関わる地に設けられた神社であることに思い至るわけです。

交野山

今、「聖なる山を中心に据える方法」を交野地域に応用すると、交野山がそれに当たります。高さは341メートルで、円錐形の美しい姿の山です。平野部から眺める人にはすぐにあれが交野山だと分かります。加えるに、山頂には巨岩があり、その岩には観音の種子《しゅじ》が彫りこまれていて、「観音岩」と呼ばれています。イワクラの中には、仏の種子や仏像などが彫られているものがかなりの数あります。前に述べたように、以前からイワクラ

交野山《かたの》。高さは 341 メートル。円錐形の美しい山容。

観音岩の傍らに立つ石柱。「岩座《いわくら》」の文字が見える。

交野山山頂の「観音岩」。仏教が入ってくる以前からのイワクラ。ここからは交野の平野を見渡すことができる。逆に言えば交野平野のどこからでもこの山頂が見えるということ。

として崇められていた岩だからこそ、そこに仏教が入ってきた時に仏像などが彫り込まれるわけです。交野山の観音岩も、前からの聖なる岩（イワクラ）であったとして間違いないでしょう。

交野山の頂上に登り、観音岩の上に立つと、交野の平野を一望の下に眺めることができます。逆に言えば、交野平野のどこからでもこの山頂がよく見えるということです。古代の交野地域の人たちは交野山を神山として崇めながら暮らしていたことでしょう。そして、そうした聖なる神山から昇る太陽の位置を見て、人々は季節を知ったのでした。交野山のあそこから日が出るようになると種を蒔く、あそこから出るようになると田植えだなどと。これは現在でもやっている地域があります。山は水陸交通の目当てでしたが、山から出る太陽の位置は農耕の暦でもあったわけです。その場合、とりわけ姿の優れた山や形の目立つ山、しかもどこからでもよく見える山が暦になったのであり、そうした山が神山として人々から親しみ崇められたわけです。この地域の人たちにとっては交野山は暦でもあったわけです。

百済寺跡の丘陵

さて、交野地域第一の聖なる山が交野山だとすれば、この地域における冬至の祭祀を考える場合も交野山との関係において考えてゆくのが筋となります。そうだとすれば、冬至の太陽は交野山から昇るものでなければならないわけですが、もう一つの問題は、交野平野のどこから見れば交野山に昇る冬至の太陽を拝むことができるかということです。わが国では、冬至の太陽は真東から30度南によった方向から昇ることはご承知と思います。地図上で交野山から交野平野の方へ30度の線を求めると、すぐ麓に機物《はたもの》神社があります。この神社は名からしても由緒ある神社と思え、近くに神宮寺の地名もあることなどから、私も初めはこの神社の辺りが桓武天皇が冬至の

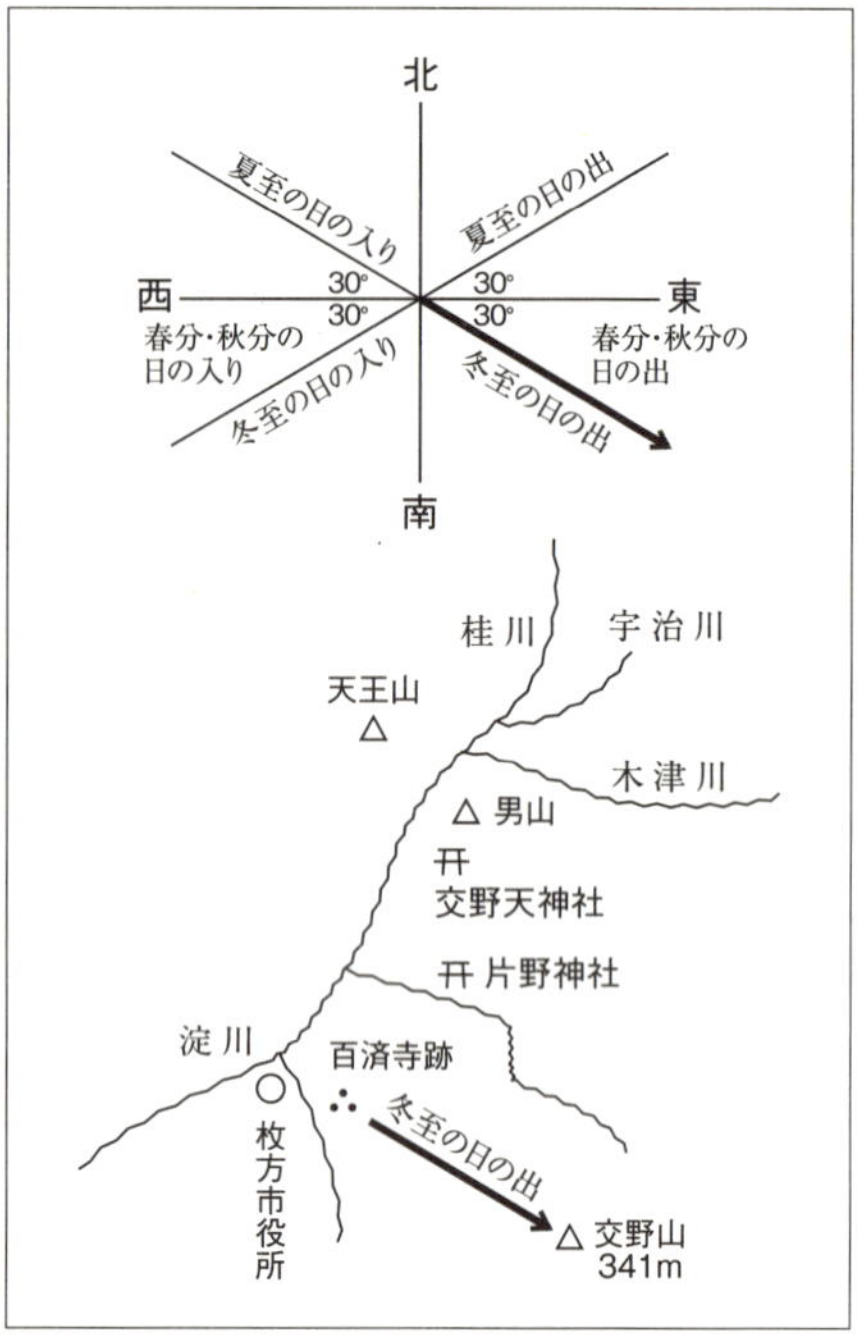

百済寺跡の丘方向から見た交野山。この丘上に人が立てば交野山に昇る冬至の朝日を拝することができたはず（星ケ丘厚生年金病院屋上から撮影）。

祭祀を執行した場所かもしれないと考えました。

だが、更にその線を延長してみると、枚方《ひらかた》の百済寺跡の丘陵（高さ約30メートル）に来ます。そこで、この丘陵に登って、寺跡付近から交野山を見ようと試みましたが、残念ながら家やビルが建っていて、うまく見えません。そこで、少し離れた星ケ丘厚生年金病院の屋上（八階）に昇ったところ、交野山の姿がはっきりと際立って見えました。真後ろを振り返ると百済寺跡の丘陵が見えました。つまり、交野山・星ケ丘厚生年金病院・百済寺跡の三者は一直線上にあるということです。ということは、以前は百済寺跡に人が立てば、冬至の日の出線上に交野山が見えていたということになります。

以上からする結論は、「百済寺跡の丘陵から見て交野山（巨大なイワクラ）に太陽が昇る日が冬至だ。」ということです。そうだとすれば、桓武天皇による交野での冬至の祭祀は、百済寺跡の丘陵において行われたとすることができます。百済寺は百済王氏一族の氏寺です。ところが、後で述べますが、桓武天皇と百済王氏との密接な関係は史上有名です。したがって、桓武天皇が百済王氏の本拠、即ち百済寺跡の丘陵にしばしば登ったとすることに無理はありません。そして、この天皇がこの丘陵から交野の象徴交野山に昇る太陽を冬至に拝んだとしても何の不合理もないことになります。

百済寺跡の丘陵は、おそらくは、百済王氏一族がここに本拠を置く以前から、共同体の人たちが交野山から昇る冬至の太陽を拝んでいた聖なる丘であったと思われます。そうした聖なる丘であったれ

樹木で麓を囲まれている丘陵上に百済寺跡・百済王神社がある。百済王氏は、この丘陵を中心に今の枚方市一帯に蟠踞《ばんきょ》していた（星ケ丘厚生年金病院屋上から撮影）。

百済寺跡にのこる塔の基壇。巨大な五重塔または七重塔が聳えていたはず。境内は 160 メートル四方。

ばこそ、百済王氏もこの丘を選んで百済寺を建てたのです。百済王氏は権力者です。権力者の祭祀は、それ以前に何でもなかった場所には入ってきません。このことは各地の古い神社や寺院でしばしば見られるところです。

桓武天皇と百済王氏

終わりに、桓武天皇が冬至の祭祀を執行するのに、なぜ平安京から交野まで出向いたのかという理由を述べます。

結論から言えば、桓武天皇が交野の地を選んだのは、天皇がこの地の有力者百済王氏一族と極めて親密な関係にあったからです。百済王氏は、もとは百済国の王族です。百済の滅亡後、渡来し、持統天皇七年（６９３年）に「百済王」の姓を与えられ、一般の渡来人に比べて特に重んじられていた氏族で、その本拠が交野であったわけです。『続日本紀』には、桓武天皇が延暦二年、鷹狩りの目的で交野に行幸して五日間滞在したこと、その間の行在所《あんざいしょ》（天皇の宿泊所）は百済王氏の屋敷であったこと、その時、百済王氏一族の税を軽くし、一族の氏寺に多額の寄付をし、一族の人々の位を上げたことなどが記されています。

百済寺跡に隣接する百済王神社。

更に、同書の延暦九年の条には次のように記されています。

「延暦九年（中略）二月（中略）甲午。（中略）この日詔して曰く。百済王等は朕《ちん》が外戚《がいせき》なり。」と。

注目すべきは「百済王等は朕が外戚なり」の部分です。これは大変な内容の発言です。桓武天皇と百済王氏が極めて深い関係にあったわけで、これからしても、桓武天皇が百済寺跡の丘陵にしばしば登ったこと、或いは、この丘陵から交野山に昇る太陽を冬至に拝んだとしても何の不合理もないと言えましょう。

なお、百済寺跡の辺りは「中宮」という地名で、ここが百済王氏の本拠地であったようですが、枚方市教育委員会でお聞きしたところでは、考古学的遺物が最も豊富で、その質も高い所だそうです。

（追記1）百済寺跡は、大阪府の特別史跡に指定されています。大阪府の特別史跡はこの寺跡と大阪城の二者だけです。

（追記2）桓武天皇が平安京の前に造営しようとした長岡京の中軸線は、交野山を基準にしていると言われます。交野山は、実に重要な山です。

（追記3）「冬至の日の出線」についての詳細は、季刊誌『東アジアの古代文化』（大和書房）77号・78号掲載の小論「古代日本における冬至の日の出線」を参照してください。

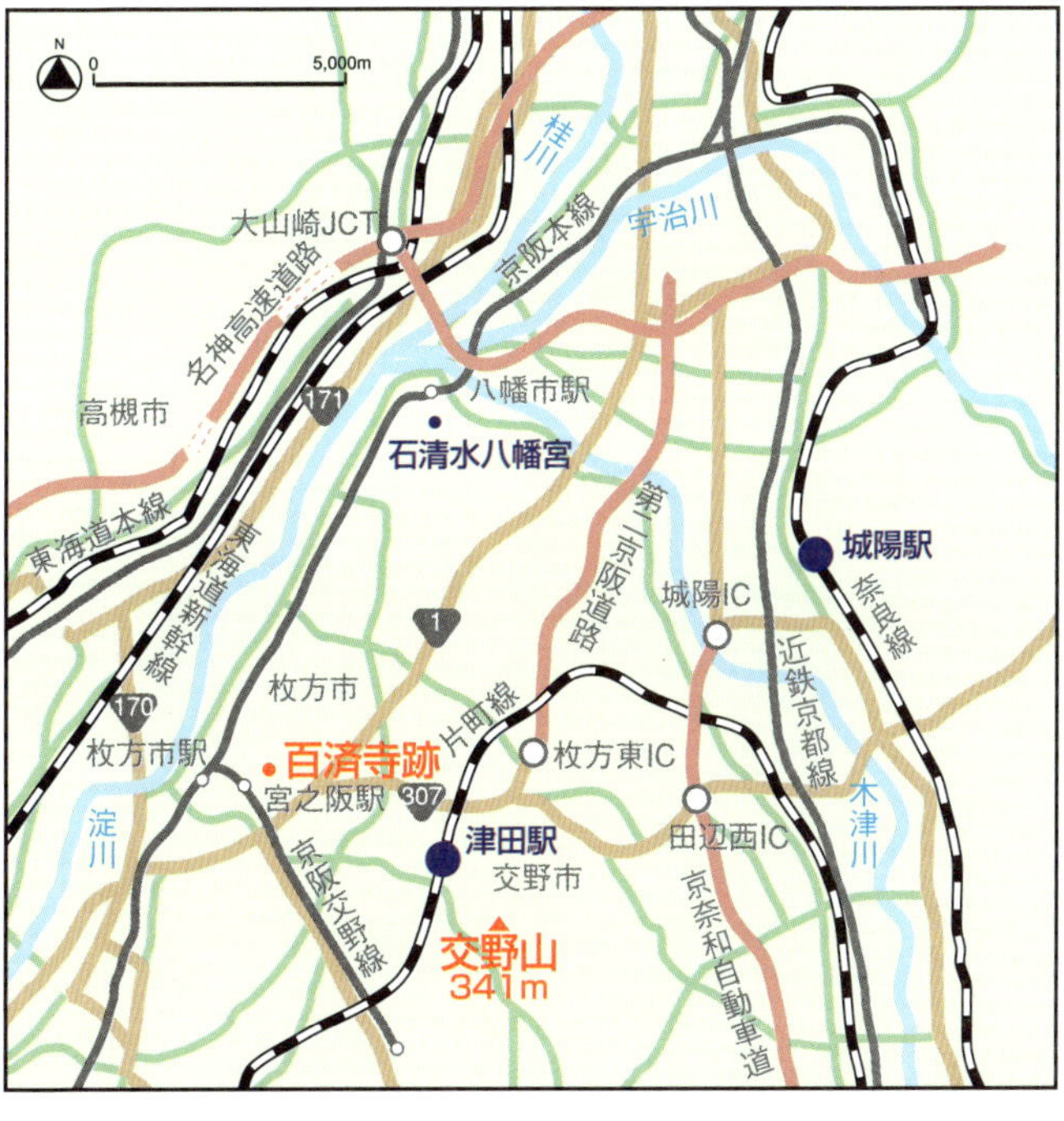

大阪府

四天王寺の原点

四石《しせき》

四天王寺は、大阪市天王寺区元町（四天王寺）にあり、聖徳太子の創建にかかる名刹。御本尊は如意輪《にょいりん》観音です。

　大変有名な寺ですが、境内に「四石《しせき》」と呼ばれる四個の石があることはあまり知られていません。四石が配置されているのは、金堂《こんどう》・西門・南門・東門の四箇所です。金堂前の石は「転法輪《てんぽうりん》石」、西門の傍らの石は「引導石」、南門の傍らの石は「熊野遙拝石」、東門の傍らの石は「伊勢遙拝石」と言います。このうちで古い石と思えるのは「熊野遙拝石」のみで、他は新しい石で造り直したもののようです。「熊野遙拝石」は平たい長方形の石で、畳一枚よりも広いくらいの石です。

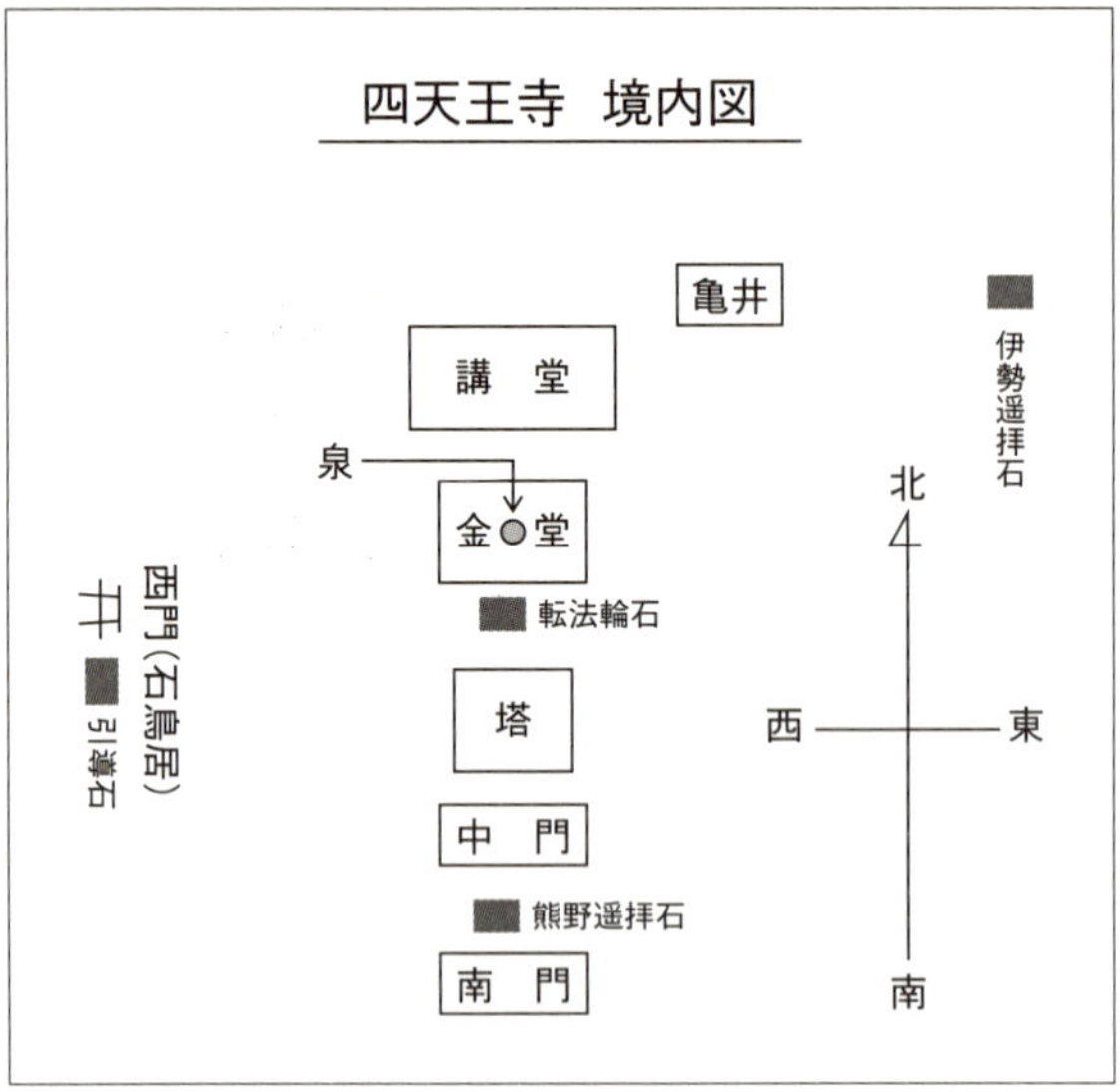

四天王寺の伽藍配置は、いわゆる「四天王寺式」。南から北へ門・塔・金堂・講堂が一直線上にある。■印は「四石」で、いずれの石も重要な場所に据えられている。なお、泉は金堂（境内の中心）の真下にある。「亀井」にも注意。

四石の持つ意味

　四石は「聖徳太子が据えられた」という伝承を持っていて、お寺ではこれらの石を玉垣で囲んで大切にしておられます。ここで考えてみなければならないのは、四石がどんな意味を持った石かということです。というのは、その位置する場所から見て、いずれも重要な意味を持っている石と思えるからです。

先ず西門ですが、この門は昔から極楽《ごくらく》への入口と信じられています。大きな石鳥居があり、その中央に掲げられた扁額には「極楽東門」の文字が鋳出されています。つまり、西門は極楽から言えば一番東の端で、この世から言えばここから西が極楽だということで、西門は極楽への入口と考えられているわけです。この西門の傍らにあるのが四石の一つ「引導石」です。

次に注意をひくのは、金堂の前に据えられている「転法輪石」です。金堂は本堂ですから「転法輪石」が大変重要な場所にあることは言うまでもありません。見方にもよりますが、四天王寺の境内の中心に位置しているのが「転法輪石」かもしれません。

西門の「引導石」。

次は南門ですが、この門は四天王寺の正面の入口に当たるので、ここにある「熊野遙拝石」も重要な場所にあると言えます。南門（正門）・熊野遙拝石・塔・金堂・講堂が南北に一直線になっている点も見過ごすことができません。

残るのは東門ですが、東は太陽の昇る大切な方位ですから、ここにある「伊勢遙拝石」もまた重要な場所にあるわけです。

このように見てくると、四石はいずれも重要な場所に配置されていると言えます。前記のように、聖徳太子が据えられたという伝承を持っていることを合わせて考えると、四石はとんでもなく大切な

「熊野遥拝石」。南門を入ったところにある。

存在ではないかと思えてきます。

一つの仮説ですが、「四石はイワクラ」ではないかと思います。四天王寺の境内は、そこに寺院（建物）が設けられる以前は、四石をヨリシロとして神祭りが行われていた聖地であった可能性も考えられるということです。

金堂《こんどう》の真下の泉

四天王寺で留意すべきものは、「四石」のほかに、いま一つ「聖なる水」があります。それは金堂の中央に安置されている御本尊如意輪観音の真下にある水（泉）で、「白石玉出《しらいしたまで》の水」と呼ばれています。

残念ながら今日では、その泉を見ることはできませんが、世に名高い四天王寺の御本尊の真下が泉だということは、どう考えたらよいのでしょうか。この寺の境内には昔は大きな池があったので、その関係であちこちから泉が湧くのだとも言われます。実際、「天王寺の七名水」といわれるものがあります。

先に泉が湧いていたか

だが、泉が湧くからといっても、最も大切な御本尊をわざわざ泉の真上に安置しているからには、そこには何か特別な意味がありそうです。即ち、その泉は、その上に御本尊が安置される以前から何か深い意味を持った泉であった、おそらくはとびきりの「聖なる泉」であったと推測されます。ということは、先に「聖なる泉」があり、その泉の上に

四天王寺の金堂正面（南から見たもの）。堂内中央の御本尊如意輪観音の真下に泉がある。人物右に見える石囲いの中に四石の一つ「転法輪石」がある。

御本尊を安置したことになります。御本尊を安置した後に、偶然その真下に泉が湧いたとは思えません。四天王寺は聖徳太子が建てられた寺ですから、「聖なる泉」の真上に御本尊を安置されたのは聖徳太子であるということになります。

イワクラと聖なる泉

度々言ったように、古い歴史を持つ寺や神社に行った時、「頭の中で目に見える建物一切を取り除き、その後に何が残るかを考えてみる」のは、その寺や神社の本質に迫るための優れた方法の一つです。今この方法を四天王寺に応用すると、残るのは「四石」と「白石玉出の水」の二つです。即ち、この二者がこの地における古い祭祀、即ち、四天王寺が建てられる以前（仏教が入ってくる以前）の祭祀に関わるものであったということです。二者は、換言すれば、「イワクラ」と「聖なる泉」です。この二者が、それぞれ非常に大切な場所に位置していることも、この推測を補強しているように思えます。「四石」と「白石玉出の水」は研究に値する存在の如く思えます。

（追記1）境内に「亀井」と呼ばれる泉が湧いています。先祖追福などの願意で、参詣者が経木に霊名などを書いて、この泉に納めています。この泉は金堂の真下の「白石玉出の水」（前記）と水脈が繋がっているという言い伝えもあります。

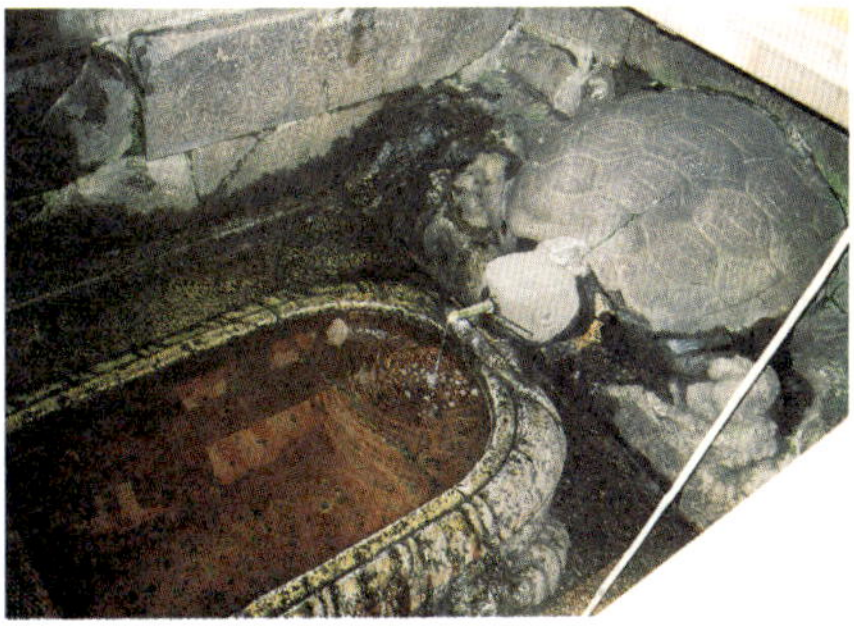

「亀井」。参詣者が先祖供養のため戒名を書いた経木をここの水に浸す。金堂下の泉（白石玉出の水）と水脈が通じているともいう。

（追記2）聖徳太子に関わる寺で、「聖なる泉」を伴っている例が他にもあります。その一つは、法隆寺の夢殿です。御本尊は有名な救世《ぐぜ》観音ですが、その真下に泉があるという伝承があるのです。これが事実とすれば、先に泉があり、その真上に聖徳太子が御本尊を安置され、それから夢殿を建てられたということになりますが、そうであるならば、余程の聖なる泉であったと考えざるを得ません。

（追記3）四天王寺の宝物に、聖徳太子の護身剣とされる「七星剣《しちせいけん》」（長さ62センチ・国宝）があります。天《てん》師道《しどう》は、後漢から三国時代にかけての頃に起こった道《どう》教《きょう》の一派で、最高の指導者を「天師」と呼びますが、天師が権威の象徴として代々伝えている呪具が「七星剣」です。刀身に北斗七星の形が埋め込まれています。「七星剣」は人を切るのではなく、病魔とか悪運を払う呪力を持った剣です。ところが、前記のように、聖徳太子の護身剣が「七星剣」なのです。太子は多くの寺を建てたり、十七条の憲法の中で「篤《あつ》く三宝（仏・法・僧）を敬《うやま》へ」と教えられたりした仏教の大保護者です。にもかかわらず、自分自身の護身剣は道教で用いる「七星剣」だということは、どのように解釈すればよいのでしょうか。聖武天皇の護身剣も「七星剣」で、これは正倉院の御物です。この天皇も国分寺や東大寺を建てた仏教の大保護者でした。

道教の研究は大切だと、私は思っています。

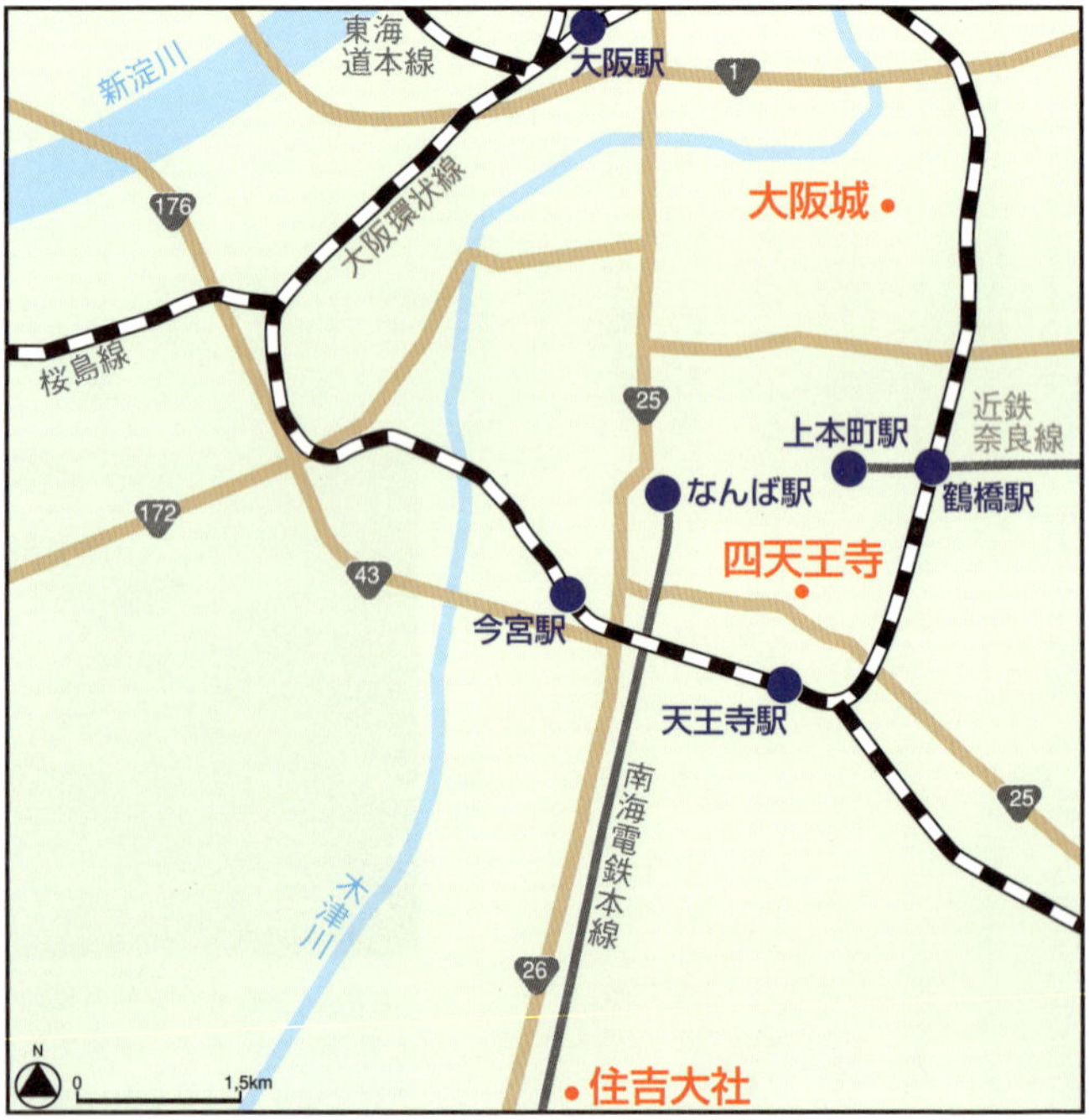

大阪府

泉《いずみ》井《いの》上《うえ》神社と泉

泉井上神社

泉井上神社は、大阪府泉北郡和泉町（和泉市府中町）に鎮座する式内社。社伝によれば、神功皇后がこの地に来られた時、清らかな泉が湧き出たと言われます。そのため郡名を和泉《いずみ》と称し、後にはそれが「和泉国」という国名になったと伝えられています。そして、泉井上神社の境内に和泉国の国府が置かれ、更に、和泉国の総社も設けられました。

泉井上神社。式内社。写真の右手に泉があり、私はこの泉が神社の御神体であると考えている（泉井上神社提供）。

御神体は泉か

泉井上神社に関する注意点は、この神社が「聖なる泉」を御神体としていると考えられることです。神社名もそれを表しています。この泉は、前記のように、ここに国府が置かれた関係で「国府清水」とも呼ばれています。

現地に行ってみると、本殿の向かって右に小さな池があります。この池は泉の周囲に石垣を築いたものですが、宮司さんの奥さんのお話によると、残念なことに十数年前に涸れたとのことで、今は水が溜まっていませんが、水が湧き出ていたという箇所（泉の跡）が残されています。

泉井上神社の泉は、この地域における最高の泉であったと思われます。多くの人たち（特に女人たち）が水を汲みに集まるので、そこに市が立つようになり、次第に泉の周辺には人々が集まって住むようになり、大きな集

かつて水が湧いていた時の様子（泉井上神社提供）。

落が成立し、そこが政治上の中心地となり、更にはそこに国府が置かれるに至ったものと推測されます。

最も基本的なことですが、人にとって飲料水ほど大切なものはありません。このことは次項の「池上・曽根遺跡の泉」でも同じです。

神社境内の泉。水源は左奥。残念ながら今は涸れている。かつては「国府清水」とよばれた名水がこんこんと湧出していた。

（追記）神社名に「泉」とか「井」とかが付いている場合は、聖なる水に関わる神社であることが多いようです。そうした神社は式内社にも相当数あります（123頁参照）。

大阪府

池上・曽《そ》根《ね》遺跡の泉

弥生時代の「大型建物」

泉井上神社の近くに、池上・曽根遺跡があります。この遺跡は大阪府の南部、和泉市池上町と泉大津市曽根町にかけて広がる代表的な弥生時代の集落跡で、長年発掘調査が継続されています。ところで、1995年6月17日発行の各新聞は、特大の見出しで新事実を報道しました。

朝日新聞の見出しは、「大型建物が出土・吉野ヶ里に匹敵・一世紀、最古」です。

毎日新聞のは、「最大級の高床建物跡・弥生中期の『神殿』・吉野ヶ里より太い柱・直径2メートルの井戸も」です。

朝日新聞の見出しに続く説明は、次のようなものです(要点のみ)。

「大型建物は吉野ヶ里の大型建物よりも古く、遺跡の中央部で見つかった。東西17メートル、南北7メートルの長方形に、20個の柱穴が整然と並び、直径が70センチにも及ぶヒノキの柱も一部残っていた。屋根を支える棟持ち柱も残っていて、井戸とも合わせ祭祀に使われた一角らしく、宮殿の中心的な施設とみられる。(中略)建物が正しく東西方向に位置すること、柱の間隔の整然とした配

池上・曽根遺跡の「大型建物」。神殿かどうか不明。建物の傍らの小さい屋根の下に泉(大井戸)。

置、独立棟持ち柱がある点などに、北部九州より進んだ思想や技術が感じられる。（中略）大井戸跡は大型建物から南へ3・5メートルのところ。クスノキの丸太をくり抜いた直径2メートルの井戸枠を用い、深さは1・2メートル。井戸としては弥生時代最大。（中略）建物の復元図をつくった宮本長二郎氏は、『高床式の神殿だろう。奥行きが広く、きちんと南北、東西の線に沿って建てるなど方角を意識しており、当時の最高の技術が使われた。吉野ヶ里などは方向性を意識していない。』と語っている。」と。

棟木を支える独立の「棟持ち柱」。建物の年代は年代年輪法測定によれば紀元前 50 年ごろか。

毎日新聞の説明は、次のようなものです（朝日と重なる部分のみ）。

「建物は『神殿』と見られる。当時は百余国に分かれていたとされる時代で、近畿に巨大神殿で祭祀を行う有力な『王権』が存在していたことを物語り、邪馬台国の所在論争にも影響を与えそうだ。（中略）井戸枠は樟の丸太を外周部を厚さ15センチだけ残してくり抜いたもの。（中略）周囲に五角形に並ぶ柱穴があり、覆い屋がついていたらしい。（中略）同遺跡整備委員会は、『神殿南の広場で、井戸の水で清めながら祭祀を行っていたのだろう。』と判断している。」と。

なお、1996年4月、この遺跡は再び新聞紙上を賑わしました。それは、出土したヒノキの柱材を奈良国立文化財研究所文化財センターが年代年輪法で測定した結果、これまで考えられていた同遺跡の年代（1世紀前半）が、100年近く古い紀元前50年頃までさかのぼる可能性があるというものです。

建物が大切か泉が大切か

本題に入ります。先ず、「大型建物」は何かということです。前記のように、毎日新聞は「神殿」と記しています。また、日本建築史研究の第一人者とされる宮本長二郎氏も「神殿」とするお考えのようです。更に、池上・曽根遺跡整備委員会も、「神殿南の広場で、井戸の水で清めながら祭祀を行っていたのだろう。」と新聞記者に話されたようですから、これも「神殿」説です。ただし、これは委員会の中のどなたかでしょう。

だが、私は、大型建物が「神殿」かどうかよりも、その前にある「井戸」に注目しています。というのは、「井戸」が持っていた意味が大型建物が持っていた意味にも関わってくると考えられるからです。

新聞によれば、「井戸の深さは1・2メートル」ですが、これは大切な点です。即ち、深い井戸ではなく、自然の湧き水（泉）という点が大切です。現地で発掘担当の方から直接次のような話を承りました。「今も水が湧くのです。前日の夕方、発掘の仕事を終えた時には水が無かったのに、翌朝行ってみると水が湧いているのです。」と。約2000年前の弥生時代の泉が今も「生き

「大井戸」（泉）。井戸の径２メートル。井戸枠は樟の丸太をくりぬいたもの。深さは 1.2m。

ている」ということです。凄い泉と言えます。

池上・曽根遺跡の近くの泉井上神社（71頁）は、泉そのものを御神体として祀っています。では、池上・曽根遺跡では、「大型建物（神殿）」と「井戸（泉）」とでは、どちらが大切なのでしょうか。池上・曽根遺跡整備委員会は、「神殿南の広場で、井戸の水で清めながら祭祀を行っていたのだろう。」と言われますが、これは「神殿」を「主」、井戸（泉）を「従」とした考えです。だが、神殿は建物であり、そのものは信仰の対象にはなりません。これに対して、「水（泉）」は、それ自体が信仰の対象になり得るものです。遺跡で見つかった井戸（泉）は、水の少ない和泉地域にあって、飛び抜けて価値の高い泉であったに違いありません。直径2メートルもの大きな樟をわざわざくり抜いて井戸枠を作っていることからも、そう思えます。そして、この泉を中心に成立したのが池上・曽根の環濠集落にほかなりません。すばらしい泉を中心に、先ず大きな集落ができて、その後に神殿（建物）が建設されたものと推測されます。神殿が一番に建てられたのではありません。環濠集落は、泉を中心に発達することはあっても、神殿（建物）を中心に発達することはありません。それは泉井上神社の泉を中心に集落が発達し、そこに和泉国の国府が置かれたのと同じです。

（追記）池上・曽根遺跡からの冬至の日の出線は、信《しの》太《だ》山へ行きます。もしかすると、泉のところから信太山に昇る冬至の太陽を拝んでいたのかもしれません。『枕草子』には「森は……信太の森……」とあります。よほど有名な森だったのでしょう。この山には式内社聖《ひじり》神社が鎮座し、信太明神と呼ばれています。更に、遺跡内に式内社曽禰《そね》神社が鎮座しています。こうしたことは、この遺跡のあたりの歴史の古さを物語っていると言えましょう。

○関連地図は72頁に。

大阪府

古代における上町《うえまち》台地

上町台地

大阪の上町台地は、南の住吉大社の辺りから北へ延びた台地（高い所で22メートル）で、東西（巾）は2キロから3キロ、南北（長さ）は約10キロくらいです。中央部には四天王寺があり、北端には大阪城が築かれています。ここで注意して頂きたいのは北端部ですが、大阪城が築かれる以前は、そこには石山本願寺があり、一向宗の本拠でした。では、そのもう一つ前は、そこには何があったのでしょうか。ここは、「石山本願寺」という名が示すように「石山」でした。後小松天皇の頃（室町時代）に描かれた絵図には、「岩」だけが示されていて、傍らに「生玉社」（社殿は描かれていない）の文字が見えます。社殿のない神社です。ということは、この「岩」はイワクラであったと推測されます。つまり、「生玉社」はイワクラだけの神社であったということです。ところで、今日、大阪城の南に「生国魂《いくくにたま》神社」があ

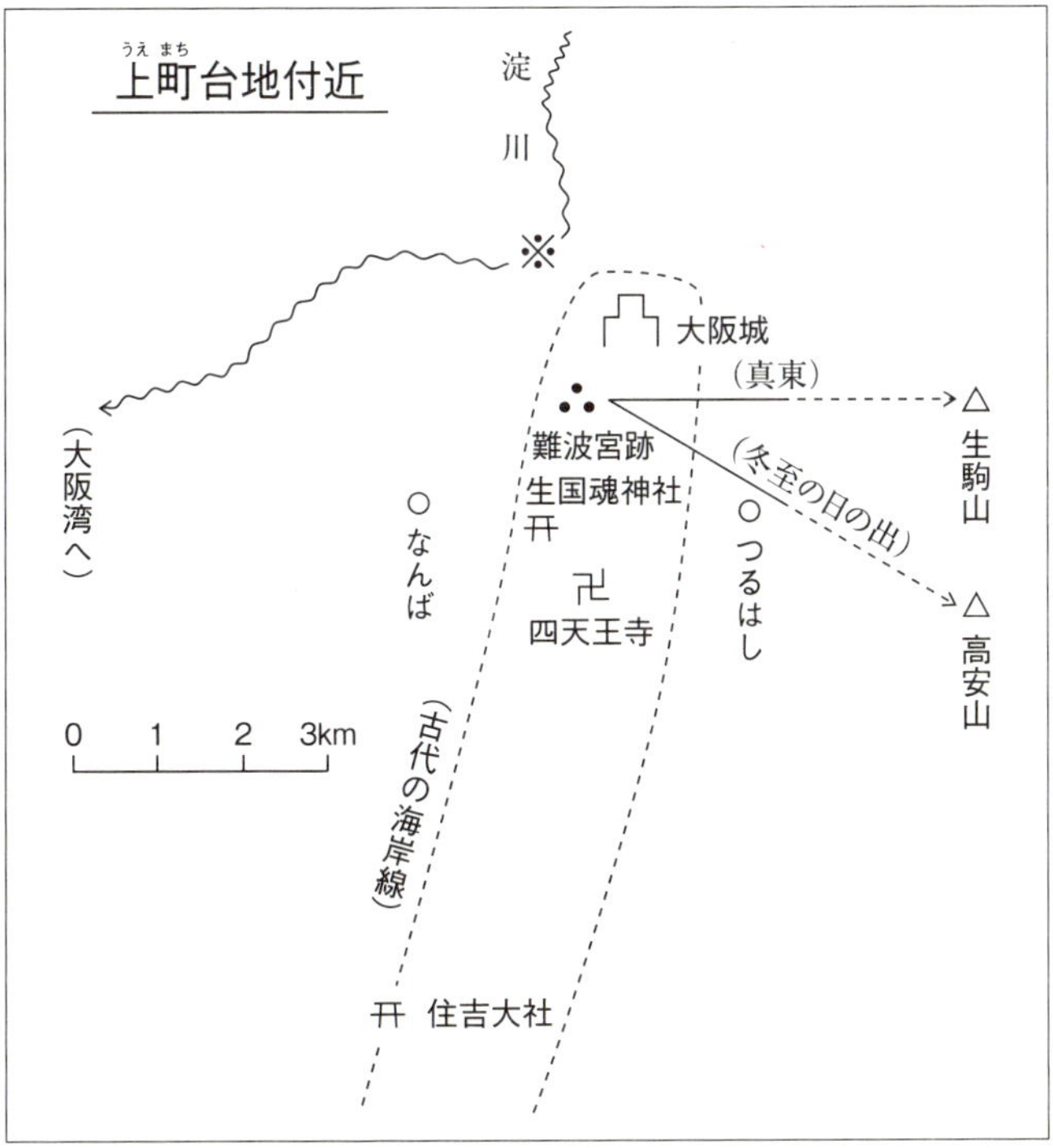

点線の内が上町台地。北端の大阪城付近が標高22m。南北約10km、東西2kmから3kmの細長い台地。東側はなだらかな傾斜、西側は急崖で、古代は海（大阪湾）がその麓まで迫っていた。最も大切なのは大阪城の位置する北端部。※印のあたりの海上に「八十嶋」が浮かんでいたのではなかろうか。

り、国土の神とされる生島神《いくしま》・足島神《たるしま》を祭っていますが、この神社は大阪城が築かれた時、秀吉が天守閣の近くにあったのを今の場所に移したと言います。故に、城内にあった当時の「生国魂神社」は、室町時代の絵図に見える前記の「生玉社」の延長線上にある神社と考えて間違いないと思われます。「イク」とか「タマ」など、両社は発音も酷似しています。

八十嶋祭《やそじまさい》

ところで、古代の朝廷の祭りに「八十嶋祭」がありました。これは大嘗祭《だいじょうさい》が始められる以前のもので、大嘗祭(即位式)と同等の意味を持つ重要な祭りであったとされています。では、「八十嶋祭」はどこで行われていたのでしょうか。当時は今の上町台地の北麓や西麓の辺りは海で、そこには多くの島々が散在して、それが「八十嶋」と呼ばれていたようです。ところで、「八十嶋祭」の要点は、女官が天皇の衣を納めた箱を開いて海に向かって振ることにより、島々の精気を天皇の衣に付着させることにあったようです。したがって、その箱を振った場所がどこであったかが問題ですが、それは、八十嶋を見下ろすのに最適の場所、即ち、上町台地の北端、つまり、大阪城の天守閣の位置、換言すれば、前記の「石山のイワクラ」(生玉社)の位置であったと推測されます。その生玉社を城外に移したのが前記の生国魂神社ですが、この神社では、前記のように、生島神・足島神という国土の神を祭っているので、生玉社もまた国土の神を祭っていたことになります。故に、国土の神霊を天皇の衣に付着させる「八十嶋祭」を執行していたのは生玉社、つまり、大阪城の天守閣の位置(上町台地の北端)であったとして間違いないと言えましょう。

(追記)「即位儀礼としての八十嶋祭」と題する岡田精司氏の論文が『古代王権の祭祀と神話』(塙書房)に収められています。以下は、その中からの抜き書きです。

「文献上の初見は文徳天皇の時で、以後四百年間記録に散見する。二十二回。鎌倉時代に中止。廃絶。」

「即位式の翌年に、女官を八十嶋祭使として難波津に派遣した。」

「祭の中心は、『神祇官御琴ヲ弾《ひ》キ、女官御衣ノ筥《はこ》ヲ披《ひら》キテ振ル。』ことにある。その目的は、大八洲《おおやしま》の霊（国土の霊）を天皇に付着させることにある。故に、その本来の神は『生島神』・『足島神』と考えられる。」

「五世紀には即位礼としての八十嶋祭が、難波の浜辺で開始されていたとみてよいだろう。それは、大王就任の儀礼として海に向かって行うものであった。」

なお、以上に見るように、岡田氏は、「八十嶋祭」を執行した場所は「難波の浜辺」ではないかとしておられますが、私は前記のように、「上町台地の北端部（大阪城天守）」と考えています。

難波宮《なにわのみや》の大極殿《だいごくでん》

前記のように、台地の北端は大阪城ですが、すぐ南に難波宮跡があります。難波宮跡は発掘調査の結果、大極殿や八角形の高い建物があったことなどが分かっています。

注意しなければならないのは、難波宮の大極殿の真東は生駒山だということです。大極殿は宮城《きゅうじょう》で最も大切な建物で、宮城の中心です。一方の生駒山は、この地域

難波《なにわ》宮の大極殿《だいごくでん》跡。写真手前が南。右端の人物の背後に大阪城の天守が見える。ここは上町台地の北部。宮跡は東西 500m、南北 700m。聖武朝と天武朝の複合遺跡とされる。写真の右方向（真東）に生駒山が、冬至の日の出線上に高安山が位置していることは、大極殿が最も重要な祭祀を行なう建物であることを考えると、極めて大切なこと（77 頁の地図参照）。

難波宮にあったとされる八角形の建物跡。大極殿に向かって左手にある。「八角」は祭祀に関わる形かもしれない。

で最も聖なる山ですが、難波宮の大極殿はその生駒山に昇る春分・秋分の太陽を拝む位置に建てられていたということです。加えるに、大極殿からの冬至の日の出線は高安山に行きます。高安山もまた聖なる山です。冬至の太陽祭祀も大切な祭りです。以上から、難波宮の大極殿の位置は大変な場所だと言えます。考古学的知見も大切ですが、聖なる山との位置関係という角度から遺跡・史跡を見ることも大切なことではないでしょうか。おそらくは、ここに難波宮が建てられるよりずっと古い頃に、この地に住んだ共同体の人たちが太陽祭祀をしていた聖なる場所に、後に大極殿が設けられたものと考えられます。

上町台地の上で、生駒山を真東に見ることができ、同時に高安山を冬至の日の出線にみることのできる場所は、難波宮の大極殿の位置以外にはありません。仮に東へ30メートルよった地点ではもう不合格です。西・北・南も同じです。難波宮を建設する時に、当時の建設者たちが最初に定めたのは大極殿の位置であったと推測されます。なぜならば、それが難波宮の中心だからです。それが定まれば、残りの建物の配置は自ずと決まってくるはずです。

古代の上町台地

古代に、西から瀬戸内海を船で東進してきた海人《かいじん》たちは、今の大阪に近づくと、前方に横たわる低くて（最高所が22メートル）横長い台地を目にしたことでしょう。

そして、その台地の左端（地図で言えば北端）に、美しい朱塗りの高殿（難波宮の大極殿）が見えたことでしょう。そして、台地の中央付近にも美しい朱塗りの寺院（四天王寺）が見えたことでしょう。上町台地は凄い台地だったと思います。台地の南端には、住吉大社が鎮座していますが、ここは海人たちの到着点（住吉の港）でした。

（追記）『広辞苑』（岩波書店）の「四天王寺」の項には、「四天王寺は、初め難波玉造の岸上（今の大阪城の所）にあったのを、推古天皇の元年、現地に移した。」とあります。これは、そうした「可能性がある」とか、そのように「伝えられている」とかではなく、明確に言い切っている表現です。熟考を要します。

○関連地図は70頁に。

京都府

清水寺

お寺発行の『清水寺』には、要旨次のように記されています。

清水寺の起こり

「奈良の子島寺《こじまでら》にいた延鎮《えんちん》上人が、『木津川の北流に清泉を求めてゆけ』との霊夢をうけて、音羽《おとは》山の麓の瀧のほとりにたどり着いたところ、そこに行叡居士が修行していた。延鎮上人は行叡居士から霊木を授けられたので、それに十一面千手観世音像を彫って祀った。これが清水寺の起こりで、奈良時代末の宝亀九年（778年）のことである。翌々年、坂上田村麻呂は妻の安産のために鹿を求めて音羽山に入ったが、清泉のほとりで延鎮上人に会い、観世音菩薩の慈悲のみ教えを受けた結果、夫妻共に深く観世音に帰依し、立派な仏殿を設けて十一面千手観世音を安置した。本堂の南下に落下する三条の瀧水は、古代より音羽の山中から湧出する清泉で、日本十大名水の筆頭に挙げられており、『清水寺』の名の起こりも、ここにある。」と。

音羽山

清水寺は京都市東山の音羽山の中腹にあり、西国三十三観音霊場の札所ですが、御本尊の十一面千手観世音像は秘仏であるため、平常は拝することができません。それはそれとして、京都を訪れる人で清水寺に行かない人は先ずいないと思えるほど、この寺は多くの人たちから親しまれています。だが、大部分の人たちが見過ごしているのではないかと思われることが、四点あります。

第一点は、寺の背後の音羽山です。即ち、この山は姿も美しく、ずっと昔からの聖なる山と考えられます。そして、そうした古い時期にこの山の麓に住んでいた共同体の人たちが音羽山を遙拝していたのが、今の清水寺の位置であったと推測されます。古代にあっては寺院と神社は同じようなもの（神仏習合・13頁）でしたから、清水寺と音羽山との関係は、ちょうど大和の大神《おおみわ》神社が聖なる三輪山の遙拝所であるのと同じ関係にあったと考えてよいと思います。或いはまた、共同体の人たちが聖なる音羽山を拝んでいた聖地に、平安初期になって仏教（寺院）が入ってきたとも言えます。

音羽山《おとはやま》。清水寺の東に位置する。この山の中腹から湧出するのが「音羽の瀧」。この聖山を拝んでいた聖地に建てられたのが清水寺。

奥ノ院の向き

見過ごしやすい第二点。今の本堂では、人が拝む時は北に向きます。即ち、本堂は南向きです。だが、これは平安京の向きに従ったものと思えます。北に最も大切な大内裏《だいだいり》とか内裏を設けるという考え方、換言すれば、北極星を最高に崇めるという中国の思想（52頁）に基づいたものです。だが、清水寺の原点が音羽山にあるとすれば、この山は東に位置しているので、この山を拝む人は東に向かねばならない、即ち、本堂は西向きでなければならないはずですが、今の本堂は前記のように南向きですから理屈に合いません。ところが、奥ノ院は西向きです。故に、ずっと昔の清水寺の本堂は、今の奥ノ院であった可能性があります。以上のことは、平城京でも同じで、以前は東の春日山（聖なる山）を拝んでいた山麓の聖地に建てられた春日大社は、春日山とは関係なく、平城京の方向に従って南向きに建てられています。そして、若宮だけが古い方位を保っていることは前に述べたとおりです（52頁）。

こちらは清水寺の舞台。向うが奥ノ院。奥ノ院の正面に立つ人は背後の音羽山（東方）に向くことになる。

音羽の瀧

見過ごしやすい第三点。清水寺にあっては、音羽の瀧は極めて重要です。即ち、前記のように、延鎮上人は「木津川の北流に清泉を求めてゆけ」との霊夢によってここに来られたわけですから、その到達目標は「清泉」（音羽の瀧）にあったと言えます。そして、「清水寺」の寺名の起こりもそこにあるわけですから、清水寺で最も重要なものは音羽の瀧だと言えます。つまり、この

「音羽の瀧」。聖なる音羽山からの湧き水。名水中の名水。「清水」の寺名からして、もともとはこの瀧がこの地における信仰の中心であったはず。

瀧は神社で言えば御神体です。以上のような次第で、清水寺では聖なる山（音羽山）と聖なる水（音羽の瀧）の二つがとりわけ大切です。

地主《じしゅ》神社

見過ごしやすい第四点は、本堂の背後（真北）の地主神社です。清水寺の鎮守とされていますが、社殿の下は岩盤のようです。地主神社の社殿や清水寺の本堂を頭の中で除去してみれば、後に残ってくるのはこの大岩盤です。ということは、この岩は、ずっと昔に音羽山の麓に住んでいた共同体の人たちが聖なる音羽山を拝む時のヨリシロ（イワクラ）であった可能性があります。権力的な神社や寺院が、以前からの民衆の聖地に後から入ってくることは、何度もお話ししたとおりです。

清水寺本堂の背後の地主《じしゅ》神社。社殿の下の岩盤は巨大なイワクラと見ることができる。

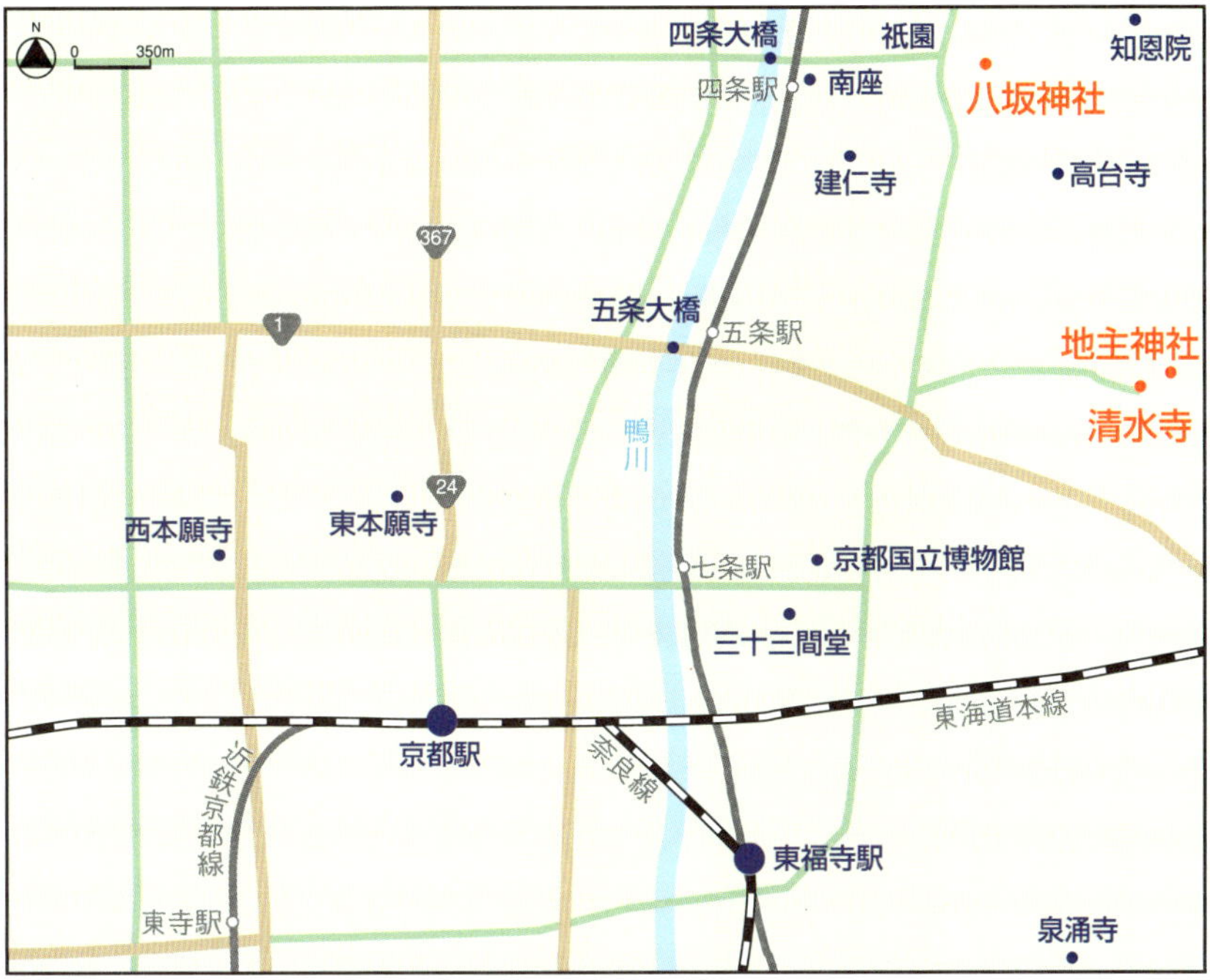

京都府

祇園の八坂神社

八坂神社の由緒

神社発行の『八坂神社由緒略記』には、要旨次のように記されています。

「八坂神社は明治初年までは祇園社と称していた。社伝によると、八坂神社は斎明天皇二年（656年）、高《こ》麗《ま》から来た伊利之《いりし》が、新羅国牛頭《ごず》山に祀られていた素戔嗚尊《すさのおのみこと》を山城国愛宕郡八坂郷にうつし祀り、八坂の姓を賜ったのに始まる。伊利之来朝のこと、および、素戔嗚尊が御子五十猛神《いたける》と共に新羅国の曽戸茂梨《そしもり》（楽浪郡牛頭山）に降られたことは『日本書紀』に記すところであり、『新撰姓氏録《しんせんしょうじろく》』には八坂造は狛国人意利佐の子孫なりとあることと考え合わせて、ほぼ妥当な創祀と見てよい。」と。

同じく神社発行の『八坂神社』（小冊子）には、要旨次のように記されています。

八坂神社本殿。本殿の床下に「泉」がある。それは「聖なる泉」で、神社本来の御神体であったはず。

「神仏習合思想により、スサノオノミコトは、祇園精舎の守護神牛頭天王と一体視された。」と。

以上二つの記事から次のように考えられます。八坂神社に祀る「スサノオノミコト」は新羅から来られた神ですが、神が自分自身でやって来られるわけはありません。それは、この神を奉祭する氏族が新羅から渡来して来たということです。即ち、この氏族の引率者が、前記の「伊利之」であり、その子孫が後に「八坂氏」として栄えたということです。

（追記）「八坂」・「矢坂」などという神社や地名、或いは、「スサノオ」神社などがあれば、その地には古代に新羅からの渡来人が住み着いた可能性が考えられます。更に範囲を広げると、「祇園」・「牛頭」・「天王」・「白国」などの名の付いた土地や神社なども、同じように考えられます。皆さんの郷土には、このような地名や神社はありませんか。

本殿の真下に泉

前記の『八坂神社』には、要旨次のような記事も出ています。

「平安京は陰陽道《おんようどう》に言う四神相応の地である。即ち、東は青龍、南は朱雀、西は白虎、北は玄武《げんぶ》に守られているが、八坂神社は青龍が守る東山に鎮座する。龍が潜む所が龍穴であるが、八坂神社の本殿は青々とした水を湛える池の上に建てられていて、古来この池が龍穴とされている。」と。

以上から、八坂神社の本殿の真下に泉があることが分かります。社務所でお聞きしたところ、この泉は、縦一間、横二間ほどの大きさで、今は漆喰で表面を覆ってあるが、水が外に溢れ出ている様子はないとのことでした。この泉は汲まなくなったので、今は溜まり水の状態になっているものと思えます。

多くの神社にあっては、神座は本殿の一番奥まった所に設けられていますが、八坂神社では本殿の中央（中心部）に御神体が祀られています。そして、この神座の真下に前記の泉があるわけです。また、本殿には回廊が設けられていて、神座を中心に人がその周囲を廻ることができるとのことです。

なお、この泉の水は神泉苑《しんせんえん》の水とつながっているとも言われています。

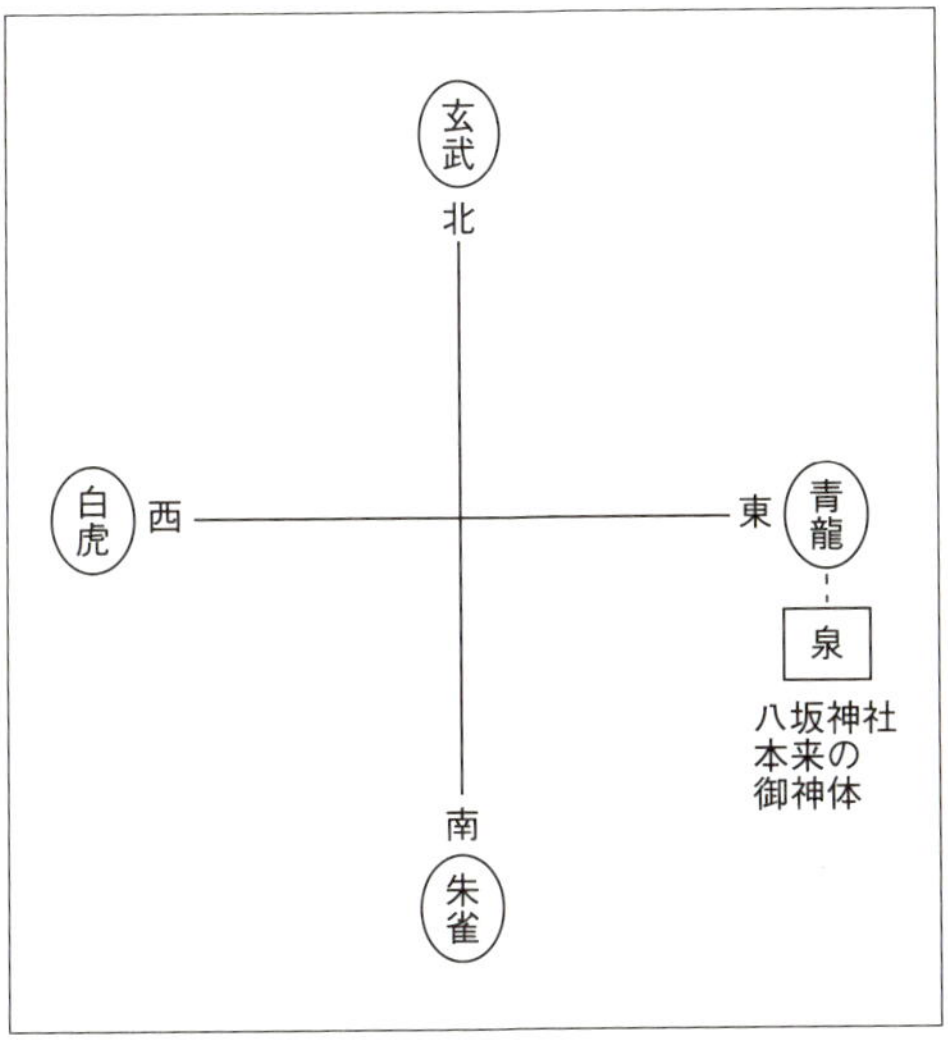

青龍は東を、白虎は西を、朱雀は南を、玄武は北を守る。これが「四神」。八坂神社は青龍が守る東山に鎮座。本殿の真下には龍の潜む泉がある。だが、それは逆で、「東山の麓に湧いていた聖なる泉の上に本殿が設けられた。」と考えるのが正しい。

泉を祭る神社や寺院

「聖なる泉」を祀っている神社には、京都の貴船神社（１０４頁）、近江の日吉大社の摂社樹下神社（１１５頁）、讃岐の一の宮田村神社（１８６頁）、大阪府の泉井上神社（71頁）などがあります。「聖なる泉」に深く関わっている寺院としては、大阪の四天王寺（68頁）、近江の三井寺（１２３頁）などがあります。こうした場合に大事なのは、初めに泉が湧いて、後にその泉の真上に神社の本殿や寺院の本堂が設けられたという点です。泉が「前」で社殿や堂塔は「後」、泉が「主」で社殿や堂塔は「従」です。八坂神社も同じです。

（追記）奈良県のキトラ古墳の石室の壁に、青龍・朱雀・白虎・玄武の「四神」が描かれていることは有名です。注意を要するのは、この古墳が築造されたのは西暦700年頃だということです。「古墳」と聞くと、非常に古いもののように思いがちですが、聖徳太子が摂政になったのは593年、大化の改新は645年です。法隆寺が仮に非再建とすれば、600年過ぎの建物ということになるので、金堂の壁画はキトラ古墳の「四神」の絵よりも70年か80年古い絵ということになります。

「古墳」時代は、約300年間です。古いと考えられている箸墓古墳の築造は3世紀の後半（275年頃）くらいでしょう。全国的に見れば、古墳の終わりは600年頃で、この頃から有力者は寺院を建てるようになります。だが、大和では、寺院建立と並行して、更に100年間ほど古墳が造られので、古墳のいよいよの終末は700年頃です。キトラ古墳は終末期の古墳の一つです。

○関連地図は85頁に。

京都府

賀《か》茂《もの》別《わけ》雷《いかずちの》神社と神山《こうやま》

賀茂別雷神社

上賀茂神社の境内。

賀茂別雷神社は山城国の一の宮で、京都市北区上賀茂に鎮座。一般に「上賀茂《かみがも》神社」と呼ばれています。左京区下鴨に鎮座する賀茂《かもの》御《み》祖《おやの》神社を「下鴨《しもがも》神社」と呼び、両社を合わせて賀

「神山《こうやま》」。神社の北北西 2km。標高 301 メートル。祭神ははじめこの山にご降臨になったという。毎年、この山から新しい神威を持った神をお迎えするのが「御阿礼《みあれ》神事」（西賀茂橋より撮影）。

茂神社と言います。祭神は賀茂別雷命で、賀茂御祖神社の祭神玉依《たまより》姫命の御子神です。社家は古代からずっと賀茂氏です。

「神山《こうやま》」

さて、この神社の本殿の背後には何があるでしょうか。よく見ると、本殿と権殿《ごんでん》の間にミスがかかっていて、ミスの向こうに「神山」と呼ばれる聖なる山が位置しています。ミスは透けますから、本殿と権殿の間は空間と同じで、そこを通して背後の「神山」を拝むようになっているわけです。即ち、神は本殿に祭られているのでなく、「神山」が御神体とされているということです。「神山」の頂には聖なる岩（降臨石）があります。以上のことは神社発行の御由緒書にも、次のように記されています（要旨）。

「本殿の北北西約二キロメートルに、鉢を伏せたような秀麗な御山がある。『神山《こうやま》』という。この『神山』こそ賀茂信仰の原点ともいうべき霊峰で、御祭神が太古天降られた神奈備《かんなび》で、頂上には降臨石が存する。山は禁足地である。本殿は最初、『神山』の遙拝殿として建てられたもので、現在でも本殿以下楼門内の諸社殿は、『神山』に向かって祭祀を行い、拝するという位置構造である。」と。

以上から、賀茂別雷神社が「神山」を神体山としていることは明白で、本殿は拝殿的なものと言えます。これは、大和の大神《おおみわ》神社に本殿がなく、三輪山を神体山としているのと同じ形です。なお、「神山」の頂の「降臨石」がイワクラであることは言うまでもありません。

「岩上《がんじょう》」から神山を拝む

今一つ大切な問題があります。それは、本殿と権殿《ごんでん》の間のミスの位置から「神山」を拝むようになったのはなぜかという問題です。古い神社の境内には、イワクラ（12頁）がある場合が多いのですが、賀茂別雷神社には岩（イワクラ）はないのでしょうか。

結論から言えば、この神社におけるイワクラの有力候補は楼門の外にある「岩上」と呼ばれる岩です。私は、「岩上」は非常に重要な存在だと考えます。その理由は

今は楼門の外になっている「岩上《がんじょう》」。この岩の上に神への供物を載せていたという。イワクラと考えて間違いない。

以下の三点です。第一点は、上賀茂神社の境内にある社殿の一切がないとすれば、後に残るのは「岩上」だけになるからです。第二点は、古くはこの岩の上に神への供え物を載せたことです（社務所の方のお話）。それは、そこで祭祀を行ったことを意味しているので、この岩はイワクラと考えて先ず間違いないことになります。第三点は、特に大切なことですが、「神山」・「ミス」・「岩上」の三者が一直線上に位置していることで、このことから次のように推測することができます。つまり、社殿がない時期には、「岩上」から「神山」を拝んでいたのですが、社殿ができてからは「ミス」のところで拝むようになり、それが次第にしきたりとなっていったということです。換言すれば、社殿中心の神社の概念ができ上がってゆく過程で「岩上」（イワクラ）は忘れられていったということです。

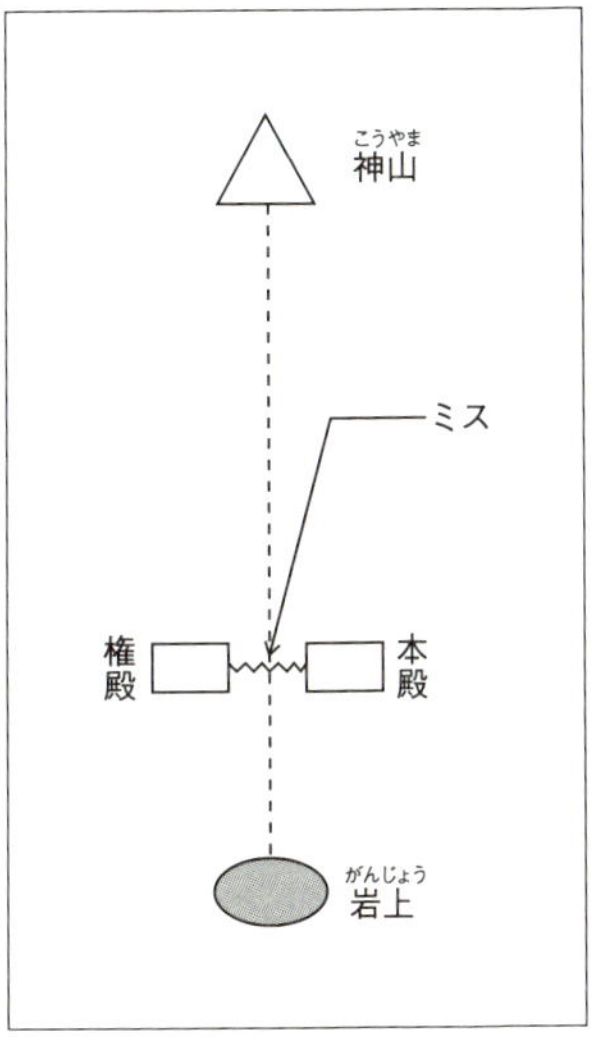

神山・ミス・岩上の三者は一直線になっている。古くは本殿・権殿・ミスはなかった。故に岩上（イワクラ）から神山を拝んでいたと考えられる。

くどいようですが、今一度整理すると、社殿がない時期の上賀茂神社の最も原初的な祭祀の姿は、「岩上」（イワクラ）から神山を拝んでいたことになります。これは典型的な古代祭祀の構図です。

御阿礼《みあれ》神事

前記のように、この神社と賀茂御祖神社（下鴨神社）を併せて賀茂神社と呼び、両社共通の例大祭を「賀茂祭」と言います。この祭には参加者や祭具などに葵《あおい》の蔓をかける習わしで、一般に「葵祭」と呼ばれます。

ここでの問題は「賀茂祭」の持つ意味ですが、賀茂別雷神社の社務所発行の『上賀茂神社』には、「賀茂祭」について要旨次のように記されています。

「賀茂祭は毎年五月十五日に執行される。神前に葵を献じ、すべての社殿に葵を飾り、奉仕員すべて葵を付けるので葵祭ともいう。祭の行列は総勢五百名、列の長さは八百メートルに及ぶ。行列は京都御所から下鴨神社へ、賀茂川の堤を北上して上賀茂神社に到着する。御阿《みあ》礼《れ》神事は五月十二日に執行される。これは最も古く、最も厳重な神事で、賀茂祭に先立って行われる。神山《こうやま》から御神霊をお迎えする秘儀で、今も古儀のまま、深夜一灯も許さない暗闇の中で、宮司以下が神事を行う。何人の奉拝も許されない。」と。

賀茂の「御阿礼神事」について、真弓常忠氏は『日本古代祭祀の研究』（学生社）の中で、要旨次のように述べておられます。「御阿礼神事に際しては、本宮と神山を結ぶ線上にある丸山の麓に御生所《みあれしょ》を設ける。即ち、四間四方の地を区切って、松・檜・樫などの常緑樹の枝を立てて造った高さ二間ほどの青柴垣（神籬《ひもろぎ》）をもって囲い、中央に約四尺の杭を打ち込み、これに榊を阿礼木《あれぎ》として立てる（今は高さ二間の榊がある）。（中略）深夜、灯火を消し、秘歌を黙奏しながら御幣を榊に結び付けると、神がこの榊に降臨される。それより、榊を奉じて本社に戻る。」と。

以上から分かるように、御阿礼神事は極め付きの重要な神事です。ところが、前記のように、『上賀茂神社』（社務所発行）には、「御阿礼神事は三日後に行われる賀茂祭に先立って神山の神をお迎えする秘儀で、云々。」と見えていますが、これでは、御阿礼神事を（数日間にわたる）賀茂祭の準備的神事としてとらえていることになります。だが、御阿礼神事は「賀茂祭に先立って」行われる前奏曲的神事ではなく、賀茂祭の中心はそこにあり、「御阿礼神事を除外して賀茂祭はあり得ない」と、私は考えています。いわゆる賀茂祭は華々しい祭典や行列を伴うものですが、それはイベントであり、賀茂祭の最重要点は御阿礼神事そのものにあります。だからこそ、「御阿礼神事は、最も古く最も厳重な神事であり、今も古儀のまま深夜一灯も許さない暗闇の中で宮司以下が神事を行う。何人の奉拝も許されない。」のです。神は一年で神威が衰えるので、上賀茂神社では毎年新しい神を神山からお迎えするわけで、それが五月十二日の御阿礼神事です。十五日の賀茂祭はその新しい神のお祭りと言えましょう。

京都府

賀《か》茂《も》御《み》祖《おや》神社の御《み》蔭《かげ》祭《さい》

御蔭祭

京都市下鴨に鎮座する賀茂御祖神社（下鴨神社）本殿。

上賀茂神社の「御阿礼《みあれ》神事」について話しましたが、今度は賀茂御祖神社（以下は下鴨神社）の「御阿礼神事」です。下鴨神社の御阿礼神事は「御蔭祭」と言います。社務所発行の

下鴨神社の奥宮「御蔭《みかげ》神社」。比叡山の麓の御蔭《みかげ》山に鎮座。毎年、下鴨神社では御蔭山から新しい神をお迎えする。これは上賀茂神社と同じ意味の「御阿礼《みあれ》神事」である。

『賀茂御祖神社略史』には、要旨次のように記されています。

「御蔭祭は、明治以前は『御生《みあれ》神事』と言ったが、御蔭の地（比叡山の麓の上高野）で行われるので御蔭祭と呼ばれるようになった。そこには御蔭神社が鎮座し、賀茂御祖神社の奥宮とされている。『御生《みあれ》神事』は賀茂御祖神社創祀の祭で、御祭神の荒魂《あらみたま》が御生《みあれ》され、神馬で御神霊を本宮へお迎えし、本宮の和魂《にぎみたま》が新しい生命（荒魂）と合体されるという古代からの祭祀である。この神事は五月十二日に行われる。」と。

前に引用した真弓常忠氏の著『日本古代祭祀の研究』（学生社）には、「御蔭祭」について、要旨次のように記されています。

「賀茂御祖神社の御蔭祭は上賀茂神社の御阿礼神事と同義のものと考えられる。御蔭山に神の降臨を乞い、社頭に招《ま》ぎ迎える『ミアレ』の秘儀が行われていたに違いない。（中略）御蔭祭は御生《みあれ》所である御蔭山から本社への神幸と考えてよい。」と。

以上から明らかなように、下鴨神社の「御蔭神事」は上賀茂神社の「御阿礼神事」と全く同じ意味のものです。上賀茂神社の神が神山《こうやま》に近い丸山の麓で「ミアレ」されるのと同様に、下鴨神社の神は御蔭山の麓で「ミアレ」されるわけです。そして、「ミアレ」された新しい神威を持った神をお迎えするのが「御蔭祭」です。

御蔭祭と賀茂祭

御蔭祭が五月十二日というのも、上賀茂神社の「御阿礼神事」と同じ日で、十五日の大祭（賀茂祭）の三日前です。その意味も、前に述べた上賀茂神社の場合と全く同じで、上賀茂神社の神も下鴨神社の神も、共に五月十二日に「ミアレ」なさるわけで、この神事こそが両社における最高で最重要な祭りと言えましょう。これに対して、五月十五日に行われる両社を一つにしたいわゆる「賀茂祭」は、それがどんなに大きく賑やかなものであろうとも、イベント的なものに過ぎないことは、前に述べたとおりです。

○関連地図は93頁に。

京都府

賀《か》茂《も》御《み》祖《おや》神社と大文字山

賀茂御祖神社の鎮座地

賀茂御祖神社（以下は下鴨神社）は上賀茂神社と共に山城国の一の宮として崇められている古社ですが、この神社が今の鎮座地に祭られるようになった理由は何でしょうか。というのは、何の価値も意味もないところに神社を設けたとは思えないからです。

第一に考えられるのは、杜《もり》です。古代の神社は聖なる山（神体山）の麓に位置している場合が多いのですが、この神社の辺りは平地で、山はありません。だが、「糺《ただす》の森《もり》」と呼ばれている大きな森があり、この森の中に神社が鎮座しているので、この森が神のおられる「聖なる森」とされたのではないかと考えられます。

第二に考えられるのは、神社の鎮座地が賀茂川と高野《たかの》川の合流点に当たっていることです。古代の有力者が河川の合流点に住んで、その河川の水上権を握っていたという例はしばしば見受けられるところです（108頁）。この地に住んでいた有力者とは、言うまでもなく賀茂（鴨）氏です。つまり、賀茂氏が自分の住居の近くに自分の氏神を祭ったということです。

大文字山との関係

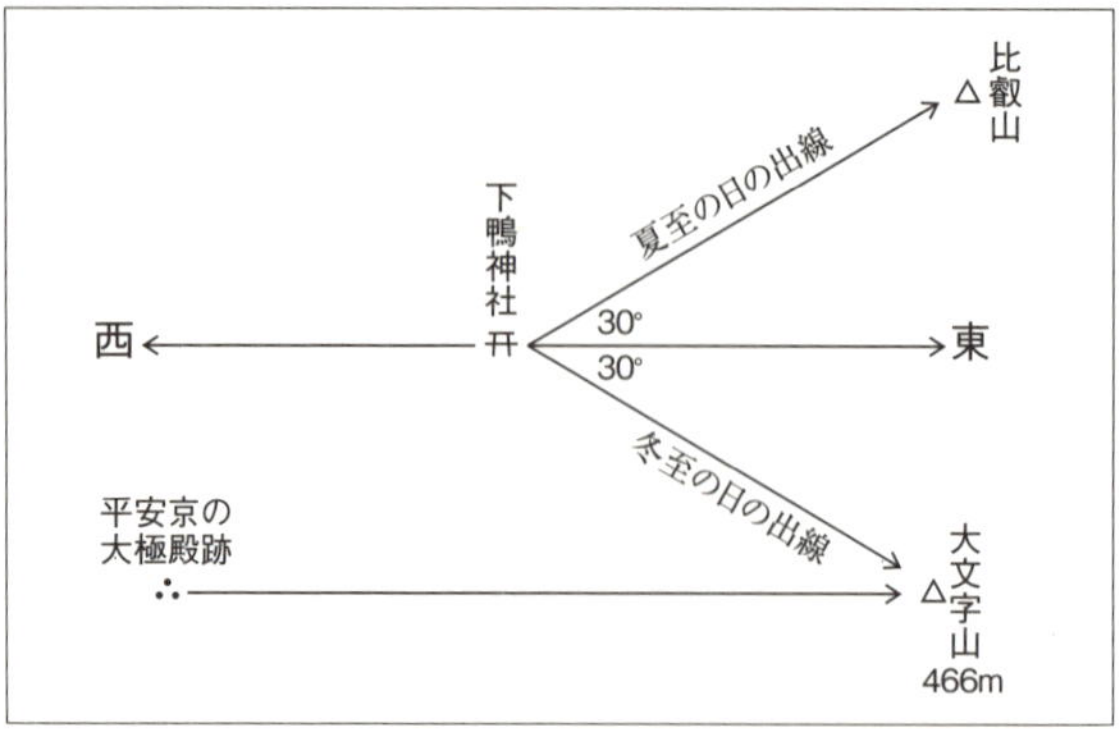

◎下鴨神社からは大文字山に昇る冬至の朝日を拝むことができる。また、比叡山に昇る夏至の朝日も拝める。
◎平安京大極殿からは大文字山に昇る春分・秋分の朝日を拝むことができる。

以上の二点は一般に考えつきやすいものですが、「冬至の日の出線」（62頁）という観点も大切ではないかと思います。結論から言えば、「下鴨神社からの冬至の日の出線は大文字山に当たります。」

大文字山（「大」の文字の所）に登ってみましたが、京都の町全体が実に綺麗に見渡せました。勿論、下鴨神社の鎮座している「糺の森」もよく見えました。ということは、その逆も言えるわけで、下鴨神社からは大文字山がよく見えるわけです。

大文字山。船岡山（98頁）から見たもの。

ついでに言えば、冬至の日の出線と並んで重要なのは真東の日の出線（春分・秋分の日の出線）ですが、平安

②一番高い位置にある壺。

①大の字の三画の交点にある「壺」。この壺が一番大きい。この石の上に薪を積んで燃やす。ここからは京都の町が見渡せる。

③大の字の右はらい。壺がいくつも並んでいる。

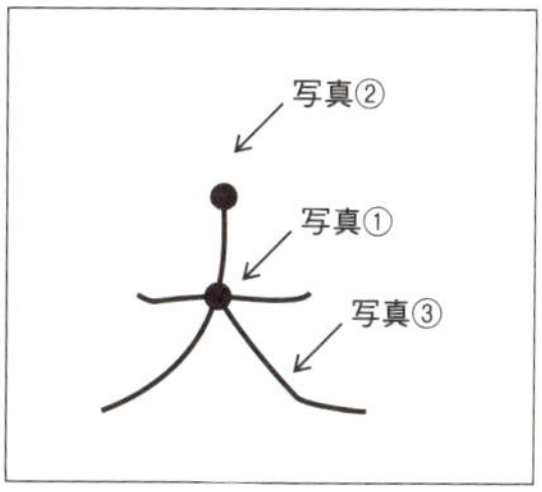

京の大極殿《だいごくでん》の真東が大文字山です。大極殿は内裏《だいり》の中で最も重要な祭祀に関する建物ですから、平安京が大文字山を強く意識して造営された可能性は極めて大きいと言えます（１００頁）。

　大文字山は京都盆地における神体山と考えてよいと思います。この山は、「大」の字の火が燃えるようになって以後に崇められるようになったのでなく、それ以前から聖なる山であったが故に、後に「大」の字の形に火を燃やすようになったものと考えられます。前に言いましたが、平城京における聖なる山は春日山（御蓋山や若草山を含む）ですが、これに相当するのが平安京では大文字山です。因みに、平城京の大極殿の真東は若草山です（43頁）。平安京の大極殿の真東が大文字山に当たるのと全く同じ構図と言えます。

　（追記）大文字山は高さ４６６メートルで、東山三十六峰の主峰です。

京都府

平安京と船岡山

平安京の大極殿《だいごくでん》の位置

平安京を設計する時、設計者は何を一番に決めたのでしょうか。それは大極殿の位置ではないかと思われます。なぜならば、大極殿は平安京で祭祀上・政治上において最も重要な建物だからです。つまり、設計者は、先ず初めに大極殿の位置を定め、しかる後、それを基準にして各条坊を決めていったものと推測されるわけです。では、大極殿の位置は、どのようにして定められたのでしょうか。

（追記）都を造る時に、最初に大極殿の位置を決めたと考えられることについては、前に「藤原京の大極殿の位置」（24頁）の項で説明しました。

結論から言えば、大極殿の位置の決定には「船岡山」が深く関わっていたと考えられます。船岡山は、山というよりは岡（丘陵）と呼ぶ方が適当なくらいの低い山です。しかし、東山・北山・西山に囲まれた京都盆地では、船岡山以外には山も丘陵も見当たらなくて、唯一の「高まり（岡）」が船岡山です。したがって、ビルなどが何一つ無かった古代にあっては、船岡山は低いとは言え、目立つ存在だったと思えます。その位置は盆地の「中央」のやや奥まった所です。盆地の「中央」というのは、大変「優れた位置」と言えます。したがって、平安京の設計者が都市計画をする時、一番目につきやすいのが「船岡山」であったわけです。故に、この山を南北に通る線を平安京の縦の基準線（中軸線）にしたものと考えられます。即ち、大極殿は、この線上に位置するこ

船岡山の山頂。標高112m。三角点が設けられている。清少納言は「岡は船岡」とたたえている。今も山遊びで訪れる人が多い。人物の左手の岩はイワクラと思える。

上の写真の左手の岩を下から見たもの。巨岩である。

大極殿跡。千本通りから少し入った児童公園の中にある。千本丸太町に近い。

とになり、この線が平安京の朱雀《すざく》大路とされ、左京と右京に分けられたわけです。南端に朱雀門が建てられ、更に、その延長線上に羅城門《らじょうもん》が設けられたのです。

大文字山

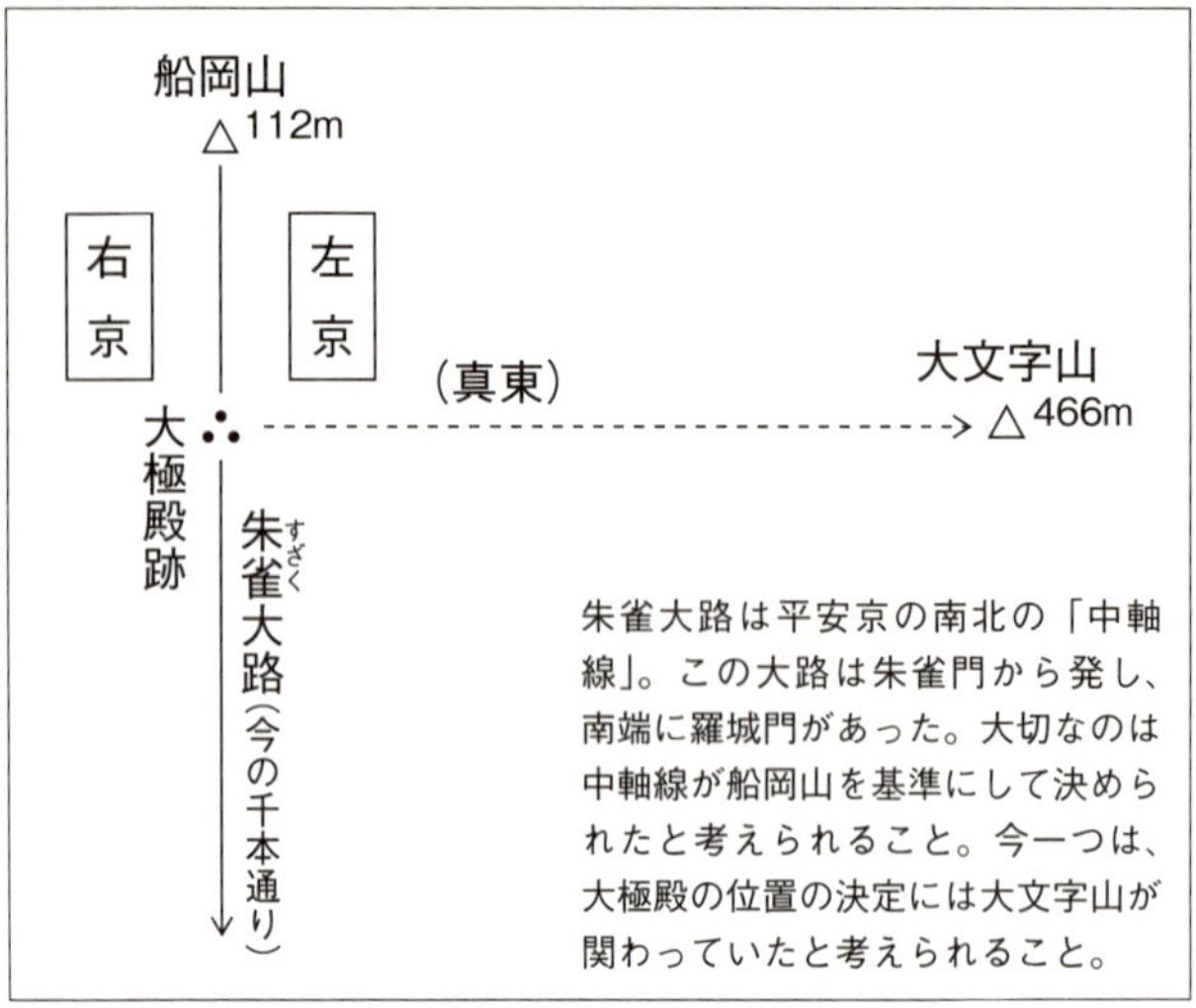

朱雀大路は平安京の南北の「中軸線」。この大路は朱雀門から発し、南端に羅城門があった。大切なのは中軸線が船岡山を基準にして決められたと考えられること。今一つは、大極殿の位置の決定には大文字山が関わっていたと考えられること。

だが、今ひとつ「横（東西）」の基準線も必要です。というのは、「縦（南北）」の基準線と「横（東西）」の基準線が交わったところが大極殿の位置になるからです。この「横」の基準線に関わるのが「大文字山」であったと考えられます。大文字山から真っ直ぐ西へ線をひいて、それが「縦」の基準線と交わったところが大極殿の位置です。

現在、大極殿跡が史跡として保存されていますが、その辺りから東山を見た時、目立つのが大文字山です。なお、大文字山については、前に「賀茂御祖神社と大文字山」（95頁）で述べました。

船岡山のイワクラ

現在、船岡山は公園になっていますが、山頂にはイワクラと思える巨岩があります。山頂は、かなり樹木が茂り、眺望がよいとは言えませんが、それでも南方はよく見えます。東寺の塔や石清水八幡宮の岡や天王山などもみることができます。私は、船岡山に登った時、この山の上から南を眺めている平安京造営中の技師たちの姿を想像しました。

○関連地図は98頁に。

京都府

養蚕《かいこ》の社《やしろ》の三柱《みつばしら》鳥居

養蚕の社の三柱鳥居

養蚕の社は式内社木島《このしま》神社の摂社で、京都市太秦《うずまさ》に鎮座しています。この辺りは秦《はだ》氏の本拠地で、この氏族の氏寺とされる広隆寺（弥勒菩薩像で有名）もすぐ近くです。

ここでの問題は、養蚕の社の池の中に立っている日本で唯一の三柱鳥居（石造）です。何故こんな形をしているのかが謎とされているのです。

この鳥居は、三方を拝むことのできる形のものと考えられます。平面は正三角形で、その中の一辺は東西線を示しています。ということは、この東西辺の中心に立てば真北を拝む鳥居となります。ところが、他の二辺の中心に立てば、それぞれ「冬至の日の出」方向と「冬至の日の入り」方向を拝むことができます。調べてみると、次のことが分かりました。

「養蚕の社からの冬至の

養蚕の社の池（泉）の中に立つ「三柱鳥居」。こうした形は唯一のもの。石造。

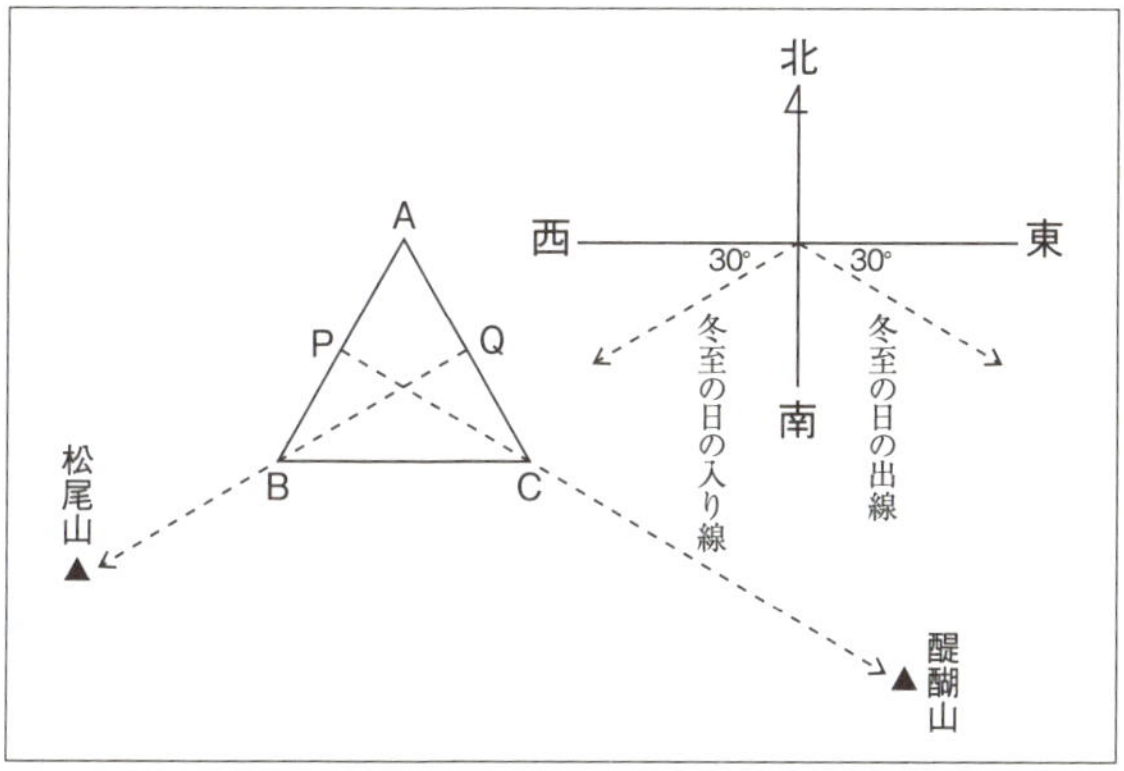

三角形 ABC は三柱鳥居。AB の中点 P に人が立てば醍醐山に昇る冬至の朝日が拝める。AC の中点 Q ならば松尾山に沈む冬至の夕日が拝める。

日の出線は醍醐山（笠取山）に行く。冬至の日の入り線は松尾山に当たる。」と。

醍醐山は、聖宝理源大師《しょうぼうりげん》が開かれた修験道《しゅげんどう》の本拠です。一方の松尾山は、秦氏の崇めた松尾神社の神体山です。古代における太秦《うずまさ》の地は、前記のように秦氏の本拠地でした。彼らの建てた広隆寺は養蚕の社のすぐ近くです。冬至の日の出線が行き着く醍醐山と秦氏との関係は、正直言って不明というほかありませんが、冬至の日の入り線の行き着く松尾山が秦氏と切っても切れない松尾神社の神体山であることは、充分注目されてよいと思います。

「天照御魂《あまてるみたま》」

木島神社は、神名帳には「木嶋坐天照御魂《このしまにますあまてるみたま》神社。名神大。」とあります。注意すべきは、「天照」の部分で、これは太陽に関係の深いことを窺わせる語です。そこで、先ず、「天照」の語を含む他の神社を神名帳で調べてみると、以下の五社であることが分かりました。

1大和国城上《しきのかみ》郡に、「他田坐《をさた》天照御魂神社」。
2同国城下《しきのしも》郡に、「鏡作《かかみつくり》坐天照御魂神社」。
3河内国高安郡に、「天照《あまてらす》大神高座神社」。
4丹波国氷上《ひかみ》郡に、「天照《あまてる》玉命神社」。
5対馬国下縣郡に、「阿麻氐留《あまてる》神社」。

以上の五社の中で、「木嶋坐天照御魂神社」と同じ表記のもの（「坐天照御魂神社」の部分が全く同じもの）は、1「他田坐天照御魂神社」と2「鏡作坐天照御魂神社」の二社だけです。調べてみると、この二社は共に大和にあり、神社からは東方に三輪山がよく見えるので、二社の鎮座地は三輪山に昇る太陽を拝む聖地であったとして間違いないと思います。故に、同じ「天照御魂」の名を持つ養蚕の社も太陽祭祀に関わる神社であったとしてよいと思えますが、それに重ねて三方正面の鳥居の意味を考えれば、それは冬至の太陽祭祀に関わるものではないかという結論が自ずと出てくるのではないでしょうか。

（追記1）前記の「他田坐天照御魂神社」の鎮座地については、候補地が二ケ所ありますが、両者とも桜井市とされています。「鏡作坐天照御魂神社」の鎮座地は田原本町とされています。いずれの場所も、距離から見ても方位から見ても、三輪山に昇る太陽を遥拝することは十分可能です。

（追記2）前記のように、養蚕の社から見て、冬至の夕日が沈むのが松尾大社の神体山松尾山です。古記録によれば、大宝元年（701年）、秦忌寸都里《はたのいみきとり》が「松尾山」から神霊を勧請して現在地に祀ったのが神社の起こりと言います。だが、松尾大社の起こりは、果して、大宝元年でしょうか。この年は、「秦忌寸都里が松尾山の神を現在地に祀った年」に過ぎません。松尾山は、この地域第一の聖なる山です。故に、次のように考えるのが正解ではないでしょうか。「古くから地元の人たちが松尾山を神山として崇めていた。そこに後に渡来系の秦氏が住み着き、松尾山の神を自分たちの氏神として祀るようになった。それが、大宝元年のことである。」と。秦氏は権力的な氏族です。権力的な祭祀が以前からの聖地に入ってきて、その聖地を自分のものにしてしまう例は各地に見られるところです。

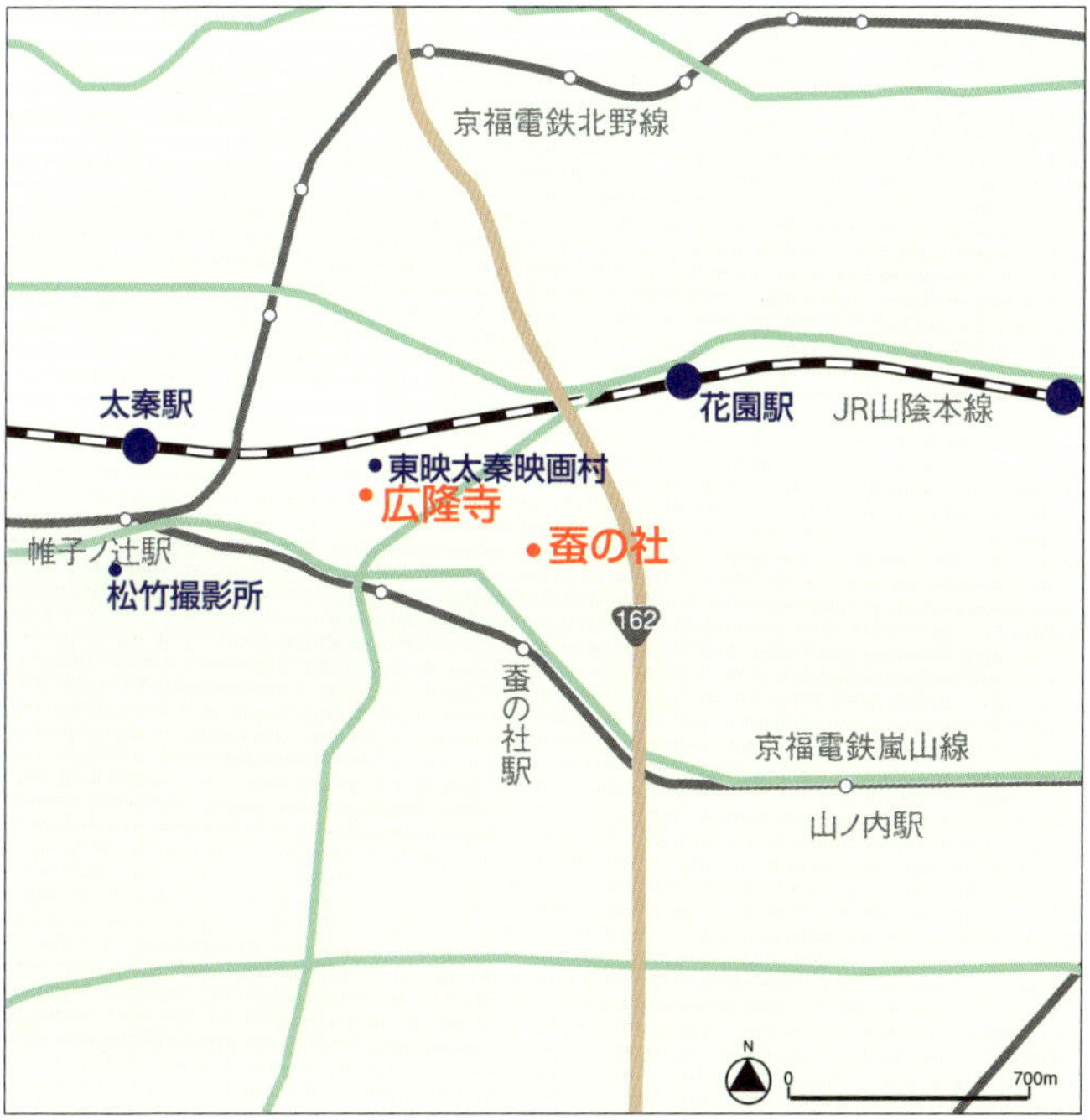

京都府

貴《き》船《ぶね》神社の吹《ふき》井《い》

貴船神社の本社。約 500 メートル北に奥宮（昔の本社）がある。

貴船神社

貴船神社は、京都市左京区鞍馬貴船町に鎮座し、古来、雨に関する神社として有名です。社務所発行『貴船神社要誌』には、要旨次のように記されています。

「延喜の制、名神大社。『日本紀略』の嵯峨天皇の弘仁九年（818年）条に『七月丙申、遣使山城国貴布禰《きぶね》神社・大和国龍穴等処、祈雨也』と見える。以来、朝廷は祈雨には黒馬を献じ、長雨が止むのを祈るには白馬を献じた。その際、必ず勅使が派遣された。本社の五百メートル北に奥宮がある。古くは奥宮が本社であった。玉依姫が黄船《きぶね》に乗り、大阪湾から淀川・鴨川を遡り、貴船川上流のこの地に至って清水の湧き出る霊境『吹井』を発見し水神を祀ったと伝えられる。これが奥宮である。貴船の神は太古、貴船山中腹の『鏡岩』に天降った。」と。

貴船神社の境内。静寂で奥ゆかしい。

「奥宮」の御神体は霊水

右の社記から分かるように、貴船神社で大切なのは「奥宮」です。なぜならば、昔は奥宮が本社であったからです。その奥宮の社殿の真下は水です。この水は社記に見える「吹井」のことで、その昔、玉依姫が発見して祀ったという霊水ですが、奥宮の社殿はこの霊水の上に建てられているわけです。

奥宮。社殿の真下の泉（吹井《ふきい》）が御神体。その泉は誰も見ることは許されない。古くはここが本社。

この霊水は社務所の方のお話によると、宮司さんははじめ誰も見たことがないとのことですが、泉だと思えます。奥宮は、泉の上に井桁を組み、その上に箱形の構造物を設けた後、その全体を覆うように社殿を建てた形になっています。即ち、箱形の構造物は泉を覆う役目のもので、奥宮（原初の貴船神社）は泉そのものを御神体としたものと考えられます。

更に、これも社務所で聞いたことですが、社殿を建て替えるには、右隣りの空き地に新社殿を造り、それが出来上がると旧社殿を取り除き、直ちに新社殿を左の泉の上に遷すそうです。その間ずっと泉は幕で隠されていて見ることはできないのです。これからしても、如何にこの泉が神秘な存在として重んじられているかが分かります。

降臨石

奥宮から更に500メートルほど奥の山腹に巨大なイワクラがあります。このイワクラは前記の社記に「鏡岩」（降臨石）と見えている岩です。社務所でおたずねしたところ、次のように教えてくださいました（要旨）。

「ここは禁足地です。家くらいの大きさのイワクラで、この巨岩は背後の山と切れていて周囲をめぐることもで

奥宮のそばの「船形石《ふながたいし》」。玉依姫が大阪湾から淀川・鴨川・貴船川をさかのぼる時にのってきた「黄船《きぶね》」が、この中に納められているという。

きます。」と。

古い歴史を持つ神社や寺院の本質に迫る方法の一つは、頭の中で今ある社殿や堂塔などの一切を取り除き、その後に何が残ってくるかを考えてみることだと私は考えています。なぜならば、社殿や堂塔はいくら大きくて立派でも、後世的なものであり、それらを除いた後に残ってくるものこそが原初の信仰に関わるものであるはずだからです。今この方法を貴船神社に応用すると、残るのは「鏡岩」と「吹井」の二つです。つまり、ずっと昔の貴船神社は、「鏡岩」（イワクラ）と「吹井」（霊水）の二つを信仰の拠り所にしていたと考えられます。当時の貴船における祭祀は、おそらくは「吹井」の前で行われていて、その方向は「鏡岩」に向かってであったと思われます。つまり、「鏡岩」に降りられた神を「吹井」の水の上にお迎えするものであったということです。そして、その祭祀の目的は飲料と農耕に欠くことのできない水に関わるものであったと言えましょう。

京都府

石清水《いわしみず》八幡宮

石清水八幡宮。平安前期に九州の宇佐の八幡神を勧請した。では、それ以前は、ここには何があったのだろうか。

石清水八幡宮

石清水八幡宮は、京都府綴喜郡八幡町（八幡市八幡高坊）に鎮座する大社です。清和天皇の貞観二年（860年）、僧行教の奏請により、九州の宇佐八幡宮を勧請したもので、宇佐と同様、応神天皇・神功皇后・比売《ひめ》神の三神を祀っています。最大の祭典は放生会《ほうじょうえ》ですが、これも宇佐八幡宮の放生会と同趣旨のものです。一時、男山《おとこやま》八幡宮と呼ばれたこともありました。

泉を御神体とする「石清水社」

注意を要するのは、石清水八幡宮の起こりは、前記のように「清和天皇の貞観二年」ですが、これは今の石清水八幡宮の鎮座地（石清水の地）に宇佐八幡宮を勧請した年であって、「石清水の地」における神祭りの起こりを示す年ではありません。即ち、「石清水の地」における神祭りは貞観二年よりもずっと古い時期から行われていたはずだからです。その当時の神祭りが「八幡神」に関わるものでないことは言うまでもありませんが、それは摂社の「石清水社」を中心とするものであったと推測されます。石清水社は、今の本殿の東のやや下方に鎮座していて、そこには「清水」が湧いています。岩のすき間から湧くので「石清水」の名があり、この「清水」が石清水社の御神体です。今も石清水八幡宮では正月の「若水」にはこの水を用いておられるようですし、社務所ではこの水を「御神水」として施与しておられます。

ここまでお話しすれば、既にご理解頂けていると思いますが、「石清水の地」における神祭りは、元々は「石清水」の名が示すように今の摂社石清水社の「聖なる泉」を祀るものであったということです。そして、泉を祀っていた「石清水の地」に「貞観二年」に宇佐から八幡神が勧請されたということです。

摂社「石清水社」。本社の右方の少し下がったところに鎮座。御神体は岩のすき間から湧く「石清水《いわしみず》」。八幡神勧請以前の古い祭祀。

淀川の水運を支配した海人

では、八幡神勧請以前に「聖なる泉」を祀っていたのは、どんな人たちでしょうか。八幡神は朝廷の祭祀に関わるものですが、それ以前の祭祀に関わっていたのは淀川を航行していた海人《かいじん》たちではないでしょうか。北からの桂川、琵琶湖からの宇治川、東からの木津川の三河川が石清水の丘陵下で合流して淀川になることはよく知られています。河川の合流点は水上交通の要地ですから、淀川水系の水運を支配していた大有力者がそこに根拠を置き、石清水丘陵における祭祀権を握っていた可能性が考えられます。

「スミ」地名

大胆な推論ですが、もしかすると、前記の

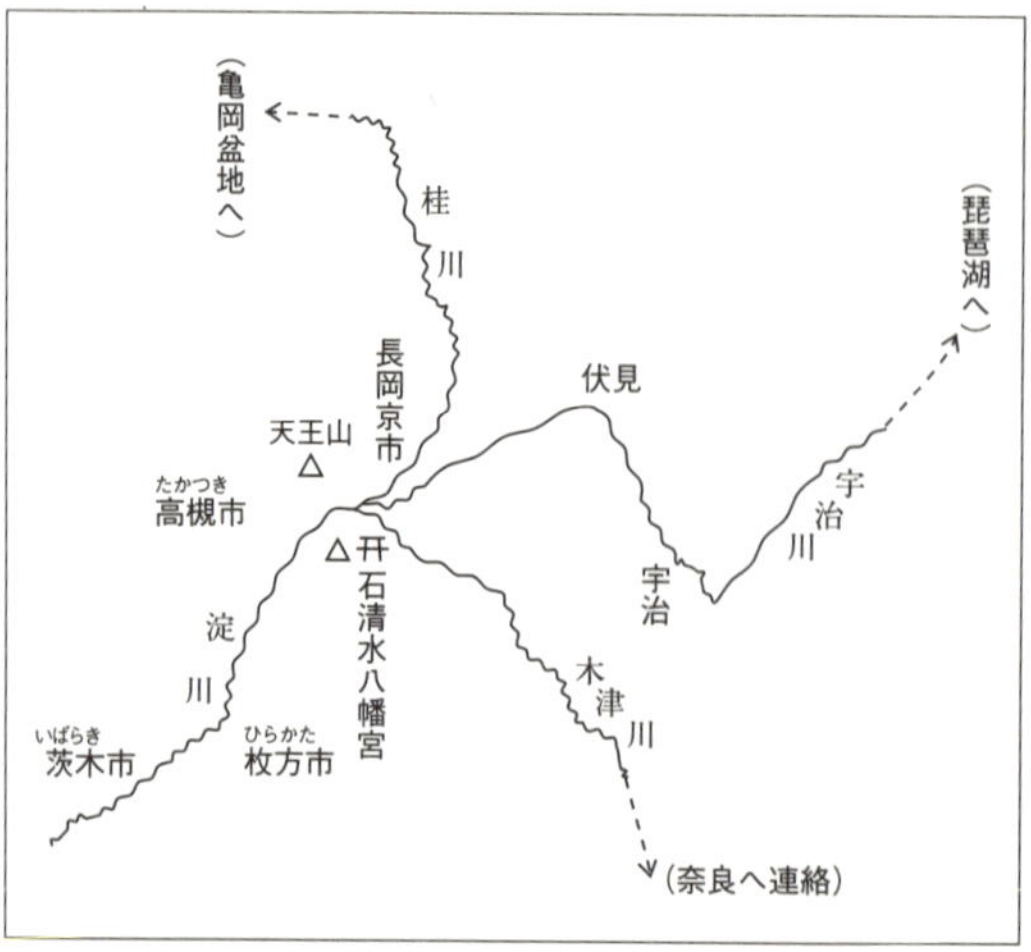

石清水八幡宮の鎮座地は三河川の合流点で、水上交通の要地。

海人は隼人《はやと》の海人かもしれません。なぜならば、淀川流域には古くから隼人の海人が来ていたと考えられるからです。その証拠は、淀川流域の「大隅宮」（『日本書紀』に応神天皇の宮）や木津川流域の田辺町（京田辺市）大住（隼人が住んでいた）などの「大隅」という地名です。これらは南九州の「大隅国」と同じ地名です。加えるに、大阪の「住吉（スミヨシ）」は、『万葉集』には「墨（スミ）之江」と表記されているので、「スミ」が語幹であることは明らかです。つまり、以前は「スミ」と言っていたのですが、奈良時代に朝廷が「地名は二字の好字にするように」という指令を出したため、「吉」という「好字」を付けて「二字」にしたものと考えられます。「大隅」の「大」も同じく「好字」で、もともとは「隅（スミ）」であったと考えられます。以上、淀川の河口や流域には、隼人に関わる地名がかなりの数見られるということです。

（追記）「スミ」地名の詳細については、拙著『古代日本と海人』（大和書房）参照。

京都府

丹《たん》後《ご》の籠《この》神《じん》社《じゃ》

籠神社

籠神社は京都府宮津市字大垣に鎮座していて、境内からは天の橋立が目の前に見えます。社務所発行の『元伊勢籠神社御由緒略記』には、要旨次のように記されています。

京都府宮津に鎮座する籠神社。「元伊勢」と言われる。

「籠神社は丹後国一の宮である。神代の昔から、今の奥宮の真名井《まない》原に吉佐《よさの》宮《みや》として豊受《とようけ》大神が祀られていた。崇神天皇の時、天照大神が大和国笠縫邑《かさぬいのむら》から来られたので、豊受大神と共にお祭りした。天照大神は吉佐宮に四年間御鎮座されたが、その後、あちこちをお遷りになり、終わりに垂仁天皇の時に伊勢国伊須須《いすず》川の川上に鎮まられた。豊受大神は雄略天皇の時、伊勢国度会《わたらひ》郡の山田原に遷られた。

吉佐宮の神主家は昔から海部直《あまべのあたひ》である。海部直氏は、大化改新以前は丹波国造家であった。天武天皇の時、吉佐宮を籠宮《このみや》と改め、彦火火出見尊《ひこほほでみのみこと》を祀ったが、元正天皇の時、本宮を奥宮真名井神社の地から今の本宮の地に遷して、新たに海部直氏の祖神彦火明命《ひこほあかりのみこと》を主神とした。なお、今の宮司海部光彦氏は八十二代である。」と。

御神幸《ごしんこう》

社務所におられた権禰宜《ごんねぎ》の方から、次のような話をうかがいました。

「当社の神事の中で最も重要なのは御神幸です。中身は『御《み》生《あ》れ神事』で、神が毎年生まれかわられるものです。大切なのは、宮司が本殿で神を迎える作法をなさる

奥宮の真名井《まない》神社。古くはここが本宮であった。

のですが、お迎えするのは奥宮（真名井神社）の神である点です。そして、お迎えした神を鳳《ほう》輦《れん》に奉載して、本殿の辺りを練《ね》るのです。」と。

以上のお話の中で最も注意を要するのは、「お迎えするのは奥宮の神」の部分です。というのは、前掲の『元伊勢籠神社御由緒略記』に、「元正天皇の時、本宮を奥宮真名井神社の地から今の本宮の地に遷して」とあるように、ずっと古い時期には真名井神社が本宮であったからです。故に、毎年、真名井神社から新しい神を今の本宮にお迎えするのであり、これが「御生《みあ》れ」ということにほかなりません。

ただ単に新しい神をお迎えする

京都の上賀茂神社や下鴨神社でも毎年「御生れ神事」が行われています。これは前に述べたように、上賀茂神社（91頁）では神山《こうやま》の神を、下鴨神社（93頁）では御《み》蔭山《かげやま》の神をお迎えするものですが、大切なのは「ただ単に」神山や御蔭山の神をお迎えするという点です。混同しやすいのは、「本殿に祀る神を鳳輦とか馬に奉載して神山や御蔭山へ行き、そこで神が若返りなされ、それから本殿にお帰りになる」という形です。だが、本殿に祀られている神が神体山に行かれて若返りなさると考えるのは「社殿中心の考え方」、即ち、神は社殿の中におられるという考えに基づいたものです。上賀茂神社や下鴨神社の「御生れ」は、そうではなく、毎年神体山（本宮）から、「ただ新しい神をお迎えする」ものです。これと全く同じ形の「御生れ」神事が行われているのが北部九州の宗像大社（207頁）です。即ち、この神社でも、毎年、沖ノ島から新しい神をお迎えしています。籠神社の話に戻りますが、前記のように、この神社で毎年「奥宮（真名井神社）の神をお迎えして」おられることは、上賀茂神社・下鴨神社や宗像大社の「御生れ」と全く同じで、極めて古い形と言うことができます。

真名井神社の社殿の背後のイワクラ。

奥宮のイワクラ

奥宮（真名井神社）には社殿がありますが、その背後に岩（イワクラ）があります。だが、社殿は後に設けられたもので、元々はイワクラだけがあったわけで、それが奥宮、つまり、真名井神社、更に言えば本宮そのものであったということです。

（追記）本殿の背後の岩は、かつてのイワクラであることが多いようです。では、イワクラはなぜ本殿の背後にあるのでしょうか。古い時代には未だ社殿はなく、岩が神のヨリシロで、そこで神祭りをしていました。時を経て社殿が設けられるようになりましたが、その場合、イワクラのすぐ前に社殿を設けることが多かったと考えられます。社殿ができると、社殿の中に鏡とか神像などを御神体として祭るようになり、神はいつも社殿の中におられるという考え方が広がってゆきました。これが「社殿中心の神社」で、今の神社のほとんどは、このような姿のものと言えます。こうなると、社殿の背後にあるイワクラは意味を失って、次第に忘れられてゆきました。以上のような次第ですから、今は社殿の背後に岩がありますが、もともとは岩の前に社殿を建てたということです。

籠神社の奥宮（真名井神社）では、イワクラにしめ縄が張られていて、今も丁重に祭られていることがうかがわれます。

（追記）籠神社には、前記のように、古代から連綿として「海部直氏」が奉仕しておられますが、この氏族の系図は「縦系図《たてけいず》」（国宝）と呼ばれて有名です。なお、この系図は、正式には「籠名神社《このみょうじんしゃ》祝部《はふり》海部直《あまべのあたひ》等《ら》之氏系《のうじけい》図《ず》」と言います。

また、伊勢神宮の外宮《げくう》に祭る豊受《とようけ》大神は、元は籠神社（当時は奥宮の真名井原）に祭られていた神とされています。更に、内宮《ないくう》に祭る天照大神も、前記の『元伊勢籠神社御由緒略記』に見るように、ここに四年間鎮座されたことがあります。そうしたわけで籠神社のことを「元伊勢」と呼んでいるのです。

京都府

滋賀県

日《ひ》吉《え》大社の金《こがねの》大《おお》巌《くら》

地主神と外来神

日吉大社は滋賀県大津市坂本（比叡山の東麓）に鎮座しています。「日吉」は、『広辞苑』は「ひえ」ですが、「ひよし」と読む人もいます。境内には「大宮」と「二宮」があります。大宮は、天智天皇が大津に都した後、大和の三輪山の大物主《おおものぬし》神を勧請したもので、これは「外来神」と言えます。一方の二宮の祭神は大山咋《おおやまぐい》神ですが、『古事記』に「日枝《ひえ》山に坐す神」と記されているように比叡山（日枝山）の神で、これは「地主神」と言えます。だが、「大宮」・「二宮」の呼称が示すように、大宮は天皇に関係を持つので、外来神であるにもかかわらず、二宮よりも高位にあります。

なお、「外来神」・「地主神」については、厳島神社（182頁）も参照してください。

八王子山と金大巌《こがねのおおくら》

日吉大社にあって、本殿の背後に留意するのに、大宮（外来神）の背後が大切か、それとも二宮（地主神）の背後が大切かと言えば、二宮の背後が重要であることは言うまでもありません。なぜならば、今の日吉大社の鎮座地にずっと古くから祭られてきたのは二宮だからです。では、二宮の背後には何があるでしょうか。そこには八王子山があり、山頂には

日吉大社の背後の八王子山。神社の神体山。

金大巖《こがねのおおくら》と呼ばれる巨岩があります。八王子山は姿も優れ、一般に日吉大社の神体山とされていますし、金大巖も一般にイワクラとされています。即ち、日吉大社の社殿一切を頭の中で除去した場合、その後に残ってくるのは八王子山（聖なる山）と金大巖（聖なる岩）であり、これらが日吉大社の信仰の原点に関わるものであることは明らかです。

樹下《じゅげ》神社の社殿の下の泉

八王子山と金大巖の二者は比較的気づきやすいのですが、見落としやすいのが摂社の樹下神社の社殿の下の泉です。この泉は、正月の数日間だけ、一般の人にも拝むことが許されています。以下は、巫女さんから聞いた話です。

「丸い形の浅い井戸です。私もお水を汲ませて頂くことがあります。汲むには杓を用います。溜まっている水はそんなに深いものではありません。どんどん湧いている様子もありません。」と。

ここで、日吉大社の社殿が設けられる以前の祭祀の姿を推測すると、それは山麓の樹下神社の泉（聖なる泉）のところから山上の金大巖（イワクラ）を拝んでいたものと思われます。だが、そう決めるには、金大巖と樹下神社の間に何らかの結びつきがなければなりません。ところで、樹下神社の祭神は鴨玉依姫ですが、この姫神は地主神大山咋神の妻神で、二神は男女ペアの地主神と言えます。ところが、金大巖の傍らに設けられている三

八王子山の頂に近い「金大巖《こがねのおおくら》」。イワクラ。

滋賀県

摂社の樹下《じゅげ》神社。社殿の下に聖なる泉。

樹下神社の床下の泉。はじめに泉があり、後に、その上に社殿が設けられたと考えられる。

宮の祭神は鴨玉依姫の荒《あら》魂《みたま》ですが、三宮の社殿は後世のもので本来は金大巌が三宮そのものであったわけですから、金大巌と樹下神社は同じ姫神を祭っていることになります。したがって、後に樹下神社の社殿が建てられた場所（社殿の下にある泉）から山上の金大巌を遙拝していたと推測することはつじつまが合っています。くどいようですが、ずっと昔は社殿は一切なく、そこには山上の金大巌と山麓の泉だけがあったわけですから両者の結びつきは明らかです。

整理すると、日吉大社における原初的な祭祀の姿は、金大巌に降りられた神を樹下神社の泉の上にお迎えするというものであったと言えます。

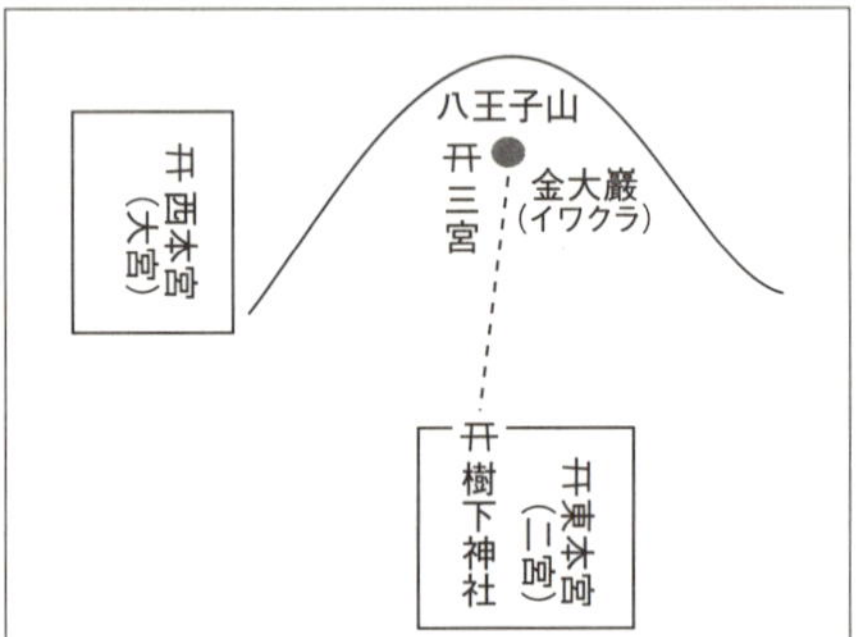

神体山（八王子山）のイワクラと結びついているのは、樹下神社（泉）。聖なる山・聖なる岩・聖なる泉の三つが日吉大社の原初の祭祀にかかわるもの。

日吉大社のミアレ神事

この神社で重要なのは、毎年行われている「ミアレ神事」です。神威は一年で衰えるので、神威の更新が必要です。前にお話ししたように、京都の上賀茂神社や下鴨神社でも毎年「ミアレ」が行われています。日吉大社では毎年、三月になると神輿《みこし》が麓から金大巌の所まで担ぎ上げられます。そして、四月になって、神輿に新しい神威を蔵した神を奉載して、山麓の東本宮（二宮）まで山

を下るのです。これは、金大巖に下りられた新しい神威を持った神を山麓の本宮にお迎えするということです。そして、このことは、今もなお八王子山が日吉大社の神体山と考えられていることの証《あかし》と言えます。

なお、もしかすると、金大巖から下りてこられた神輿（新しい神）は、古代には樹下神社の泉に迎えられていたのかもしれません。

滋賀県

御《み》上《かみ》神社と近江富士

御《み》上《かみ》神社の正面。

御上神社

御上神社は滋賀県野洲《やす》郡三上村三上（野洲市三上）に鎮座しています。古来の大社で、官幣中社です。

三上《みかみ》山

この神社の神体山は三上《みかみ》山です。秀麗な姿をした山で、「近江富士」の名で知られています。なお、神社は「御上」、山は「三上」で、字が違います。一時間ほどかかって三上山の頂に登ると、そこに奥宮がありますが、社殿は大きな岩の上に設けられています。ここで大切なのは社殿の下の岩で、この岩はイワクラとして崇められています。今も、宮司さんは毎

御上神社から見た三上《みかみ》山。高さ 428 メートル。神体山である。「近江《おうみ》富士」とも呼ばれる。

年奥宮に登詣しておられます。
奥宮からは琵琶湖を中心とする近江盆地を一望のもとに見はるかすことができます。とりわけ興味をひかれるのは、真西に日吉《ひえ》大社の神体山である八王子山が見えることです。前に述べたように、八王子山の山頂の巨岩は金大巌《こがねのおおくら》と呼ばれる有名なイワクラですが、このイワクラから言えば三上山の山頂が真東に当たるわけです。したがって、三上山に昇る朝日の光がちょうど金大巌に直射して岩面が金色に輝くので、金大巌の名があるという話を聞いたことがあります。こうした位置関係からして、金大巌というイワクラは、春分や秋分の日に三上山（聖なる山）に昇る太陽を拝む祭祀場であったと推測されます。

三上山山頂の奥宮。イワクラである。ここからの眺望はすばらしい。

日吉大社で最も大切なのは、八王子山（聖なる山）・金大巌（聖なる岩）、および、山麓の樹下《じゅげ》神社の社殿の真下にある泉（聖なる泉）の三者であることは、前に述べました。そして、今お話ししている御上神社で最も大切なのは三上山（聖なる山）とその山頂の巨岩（聖なる岩）です。古代祭祀を研究する場合には、社殿に留意するのでなく、聖なる山とか聖なる岩に留意することが重要なことはしばしば述べました。そうしたものこそが、その神社の信仰の原点と考えられるからです。

なお、三上山の麓には、銅鐸（24個）の出土地をはじめ、古代の遺跡が数多くあります。古代にこの地域に住んだ人々は、三上山を聖なる山として崇め、様々な祭りをしていたことでしょう。

○関連地図は１１７頁に。

滋賀県

石山寺のイワクラ

石山寺の起こり

石山寺は滋賀県大津市石山寺にある大寺で、西国観音霊場の札所です。紫式部がここで『源氏物語』を書いたことでも知られています。『石山寺縁起絵巻』によると、石山寺の起こりは要旨次のようなものです。

「奈良の大仏鋳造のために大量の金《きん》が必要となり、聖武天皇の命を受けた良弁《ろうべん》僧正は大和の金峯山《きんぶさん》に籠もったところ、夢に蔵王権現《ざおうごんげん》が現れ、瀬田の霊山で祈念するよう教示された。そこで、良弁は瀬田に来たところ、石山の辺りで比良《ひら》明神の化身という老人に出会い、観音を祭るようにと教えられ、石山に庵を結んだ。そして、天皇の念持仏の如意輪観音を祭って祈念したところ、やがて陸奥から金の鉱脈が発見された。だが、不思議なことに、祈念が終わっても岩の上に安置した観音が動こうとされないので、良弁は岩の上の観音を本尊にして寺を建てた。これが石山寺の起こりである。」と。

イワクラの上に観音を据えた

以上の記事の中で大切なのは、「良弁僧正が巨岩の上に観音を安置して祈ら

石山寺の山門。堂々としている。西国 33 観音霊場の札所。

れた。」という部分です。結論から言えば、この岩は以前からの聖なる岩（イワクラ）と考えられます。なぜならば、良弁僧正がとびきり重要な祈願をするのに、何の意味も価値も持っていなかったただの岩の上に観音を安置したとは考えられないからです。即ち、この岩はずっと昔から地元の人たちが祈願や祭祀を行う時のヨリシロ（イワクラ）としていた聖なる岩であったが故に、良弁僧正がその上に観音を据えられたと考えられるわけです。

石山寺の境内は「石山」の名のように岩が多い。岩は「硅灰石」で、国の天然記念物に指定されている。

　石山寺の観音は秘仏で、拝観することはできません。だが、三十三年に一度、および天皇即位の年に開帳されることがあります。その時に観音を拝んだという人に直接おたずねしたところ、「観音は確かに岩の上におられました」という答えでした。つまり、石山寺という大寺の御本尊は、今も「直接岩の上に立っておられる」ということです。

　良弁僧正が岩上に観音を安置して祈念されたのは奈良時代のことですが、この寺の境内からは銅鐸が出土しているので、この地における神祭りの起こりは遠く弥生時代まで遡る可能性があります。ということは、くどいようですが、石山寺の地は良弁僧正が寺を建てられてから霊地（聖地）になったのでなく、この地が以前からのイワクラを中心とする霊地（聖地）であったが故に、僧正がその岩の上に観音を安置して祈願されたし、更には寺が建てられたと考えるのが妥当ということになります。

観音霊場とイワクラ

イワクラは神社のみに関係あると思っておられる方もあるかもしれませんが、わが国では神仏習合の期間が長いので、寺にもイワクラがあります。特に、観音霊場にイワクラが多いように思います。それは、仏典に、「観音は突き出た岩の上におられる。」とあることに関係があると考えられます。本項の石山寺の観音や前に述べた東大寺二月堂の観音（39頁）などは、岩（イワクラ）の上に直接安置されているようです。

○関連地図は117頁に。

滋賀県

三井《みい》寺の泉

三井寺の金堂（国宝）。泉は金堂左手の奥にある。

三井寺の正式名は「園城寺《おんじょうじ》」。

三井寺

三井寺は滋賀県大津市園城寺町にあり、正式名は園城寺《おんじょうじ》です。長等《ながら》山の山腹にあり、この寺の釣鐘の音は近江八景の一つ「三井の晩鐘」として有名です。境内に、天智天皇・天武天皇・持統天皇の三天皇の産湯に用いたと伝えられる霊泉がある関係で、「御井《みい》の寺」と呼ばれました。平安初期、智証大師円珍《えんちん》が延暦寺の別院に改め、ここで三部灌頂《かんじょう》の法を行うのに御井の水を用いたところから「三井寺」と称するようになったと言います。

泉と神社・寺院

本項の主題は寺名のもとになっている境内の「泉」です。ところで神社の名に「井」の字が付いている場合があります。『延喜式神名帳』には次のような神社が見えています。

「大井神社」・「石井神社」・「三井神社」・「御井神社」・「真名井神社」・「狭井神社」・「山井神社」・「桜井神社」・「新井神社」・「板井神社」

右の中には、「三井寺」（御井寺）と同じ「三井」（御井）の名も見えていますが、こうした「井」の付く神社は、聖なる泉が関わっている場合が多いようです。ところで、明治以前は神仏習合でしたから、神社と寺院を切り離すことはできません。したがって、聖なる泉は、既に何度も言ったように、神社にあっても寺院にあっても、信仰の対象として崇められていたわけですが、本来は、先ずそこに聖なる泉があり、その泉を祭るために、そこに神社が設けられた場合もあるし、寺院が設けられる場合もあったと考えるのが妥当です。

三井寺の泉

三井寺の泉は金堂（本堂）の傍らにある閼伽井屋《あかいや》と呼ばれる小堂の中にあります。堂の中には入れませんが、中はよく見えます。泉は畳で言えば三枚分くらいの広さで、深さは50センチくらいです。綺麗な水が「ゴボッゴボッ」と大きな音を立てながら湧き出ています。そして、堂に接して、写真に見るような幾つかの石がありま す。ここで、いつものように、「頭の中で寺の建物などを除去して、後に何が残るかを考えてみる」と、三井寺の場合は、次の三つです。①「泉」・②泉の傍らの石群・③寺の背後にある長等山。

先ず、①泉です。前記のように、今は「閼伽《あか》」と呼

三井寺の閼伽井屋《あかいや》。堂内にゴボッゴボッと音を立てながら泉が湧いている。堂の背後の石組みは古いもので、泉のほとりでおこなわれた祭祀のイワクラと推測される。堂を頭の中で除去してみれば、泉のすぐそばに石組みがあることが理解される。

ばれていますが、「閼伽」とは御本尊にお供えする御水です。ということは、御本尊が中心で、泉は従属物と考えられているわけです。だが、こうなったのは、この地に仏教が入ってきてからのことで、初めに聖なる泉を中心とする祭祀場があり、後にそこに仏教が入ってきたと考えるのが妥当です。「泉が金堂（本堂）の傍らに位置している」と見るのも逆で、聖なる泉の傍らに金堂（本堂）を建てたと見るのが正しいと思います。よく似ているのは前に述べた四天王寺で、この寺の場合、金堂は聖なる泉の真上に設けられています（68頁）。

次は、②閼伽井屋の傍らの石群です。これはイワクラかもしれません。閼伽井屋を頭の中で除去すれば、石群は泉のすぐ傍らにあるわけです。したがって、仏教が入って来る前には、聖なる泉と傍らのイワクラがセットになって祭祀が行われていたと推測されます。

三つめは③長等山です。この山は、聖なる山であり、聖なる泉と傍らのイワクラをセットとする祭祀場に迎えた神は、この山の神であったと考えられます。

○関連地図は１１７頁に。

滋賀県

堅田《かたた》の浮御堂《うきみどう》

堅田の浮御堂

浮御堂は大津市北部の堅田にあり、寺名は満月寺です。琵琶湖の中にのびた橋の先端にある宝形造《ほうぎょうづくり》の仏殿が浮御堂と呼ばれる建物です。平安中期に、恵心《えしん》僧都が湖上の航行安全を願って一堂を建て、千体の阿弥陀仏を安置したのが起こりと言われます。その後、荒廃しましたが、江戸時代に復興されました。ここは近江八景の一つ「堅田の落雁《らくがん》」としても有名です。

浮御堂のある堅田の町は琵琶湖の西岸にあり、「湖族」の根拠として知られています。琵琶湖の幅が一番狭くなっている所なので、湖上交通の要衝だからです。そこに拠点を構えていたのが堅田の海人で、「堅田湖族」と呼ばれていたわけです。北陸方面などからの物資や年貢が琵琶湖を通って都に運ばれましたが、彼らは堅田の関で通行税を取るなどしていました。乱世には、「湖

堅田の浮御堂。このあたりは琵琶湖の幅が最も狭くなっている。

浮御堂から見た三上山《みかみやま》（近江富士）。人が浮御堂に立てば、冬至の太陽は三上山に昇る。

賊」として行動したこともあるようです。戦国時代の武将たちも彼らを味方にしようとしました。京都へ進出しようとした織田信長もその一人です。彼らは琵琶湖全域に及ぶ航行権・漁業権などを握り、泉州の堺が自治都市であったように、自治体制をしいていたのです。

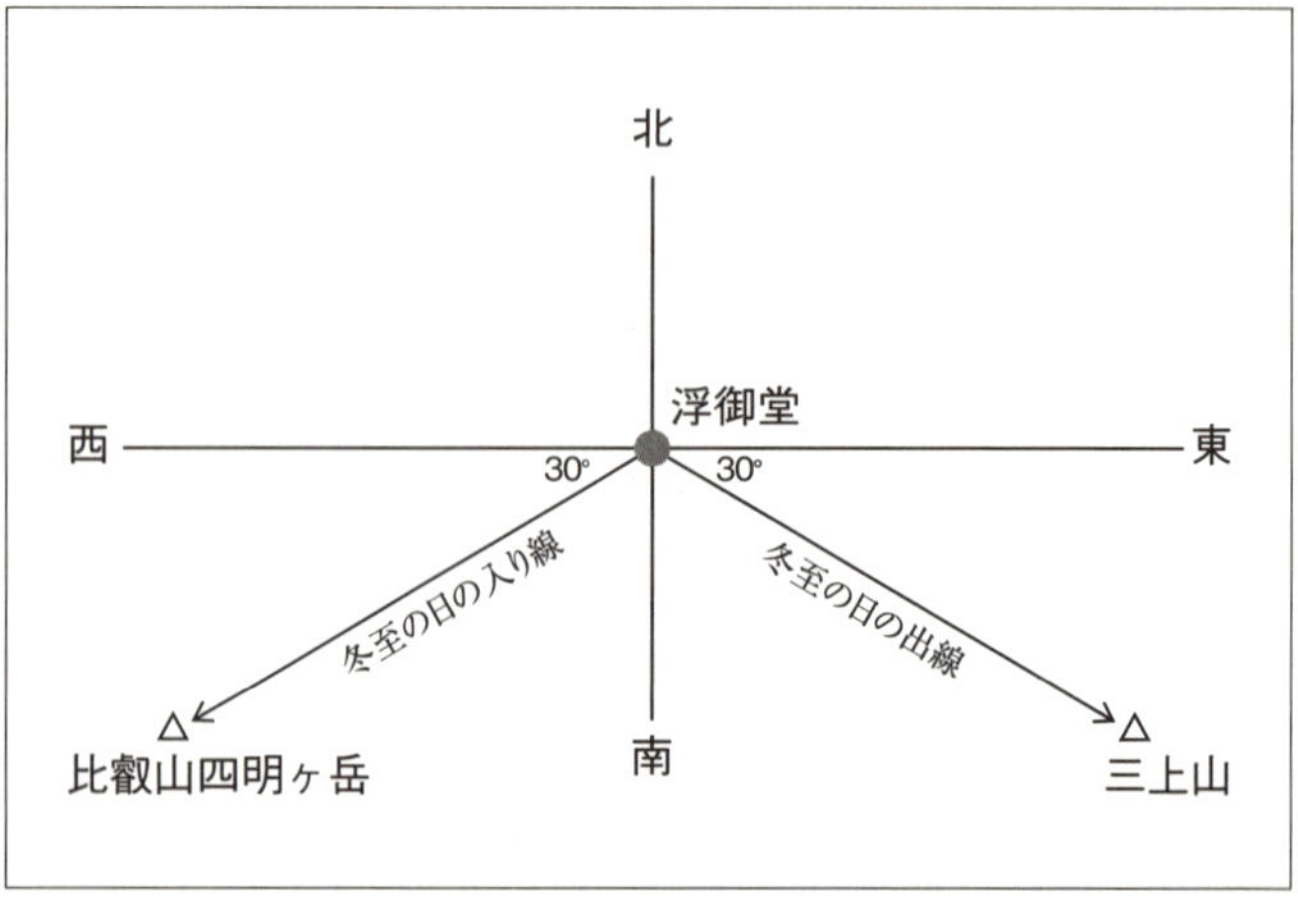

三上山に昇る冬至の太陽と比叡山に沈む冬至の太陽の両者を同時に拝むことのできる聖なる地点に設けられたのが浮御堂と考えられる。

浮御堂と三上《みかみ》山

浮御堂に関する注意点の一つは、浮御堂から見ると、三上山《みかみ》が「冬至の日の出線」に当たることです。前にも述べたように、三上山は、「近江富士」と呼ばれる山容の美しい山ですが、単に姿が綺麗だというだけでなく、山麓に鎮座している御上《みかみ》神社の神体山である点が大切です（118頁）。山頂には立派なイワクラがあり、年に一回、宮司さんが山頂まで登って奥宮祭を続けておられるそうです。既に何回か「冬至の日の出線」について述べましたが、そうした場合、「冬至の日の出を拝む地点」も聖なる地点でなければならないし、「冬至の太陽が昇る山」もまた聖なる山でなければならないというのが、私の考えです。今の話で言えば、前者は浮御堂、後者が三上山です。

浮御堂と四明ヶ岳《しめいがだけ》

浮御堂に関する注意点の第二は、浮御堂から見ると、比叡山の四明ヶ岳が「冬至の日の入り線」に当たることです。冬至の日の出線と同じく、日の入り線の行き着く先の山も「聖なる山」でなければなりませんが、霊山中の霊山である四明ヶ岳は、その条件を十分満たしているはずです。

以上からすると、浮御堂の立っている地点は、非常に興味ある場所だということになります。その地点から見て、冬至の日の出線の行き着く先にも聖なる山があり、冬至の日の入り線の行き着く先にも聖なる山があるというような地点は、そうざらにはあり得ないと思います。浮御堂の場所は、この堂が建てられる以前から、冬至の日の出と日の入りの両方を拝む聖なる地点であったのではないでしょうか。そうした場所に、後に浮御堂という仏教的なお堂が設けられたということです。なお、そうした祭祀を執行していたのは、堅田の海人の首長であったと考えて、まず間違いないでしょう。

○関連地図は117頁に。

兵庫県

伊和《いわ》神社の鶴石

伊和神社

伊和神社は播磨国の一の宮で、兵庫県宍粟《しそう》市一宮町に鎮座。付近は『和名抄』にいう「伊和郷」です。祭神は、大己貴命《おおなむちのみこと》で、『延喜式神名帳』には、「伊和《いわ》坐《にいます》大名《おおな》持《もちの》御《み》魂《たま》神社。名神大。」と記されています。

社家は、古代氏族「伊和君《いわのきみ》」の子孫と伝える大井・安《あ》黒《ぐろ》・英保《あぼ》の三家です。歴史の古い神社を研究する場合、「社家」はとりわけ大切です。社家の代表的な例は、出雲大社の千家《せんげ》氏・阿蘇神社の阿蘇氏・飛鳥坐神社の飛鳥氏（32頁）・日前《ひのくま》国懸《くにかかす》神宮の紀氏（141頁）などで、いずれも八十代以上続いている氏族です。

「鶴石」はイワクラ

前に（112頁）、「神社に参った時は、本殿の背後に廻ってみることが大切である」と言いましたが、この

伊和神社。播磨国の一の宮。正面に見えるのは「拝殿」で、その背後に「本殿」、その背後に「鶴石」（イワクラ）がある。

神社では、そこに玉垣で囲んだ「鶴石」と呼ばれる二つの石があります。この石の上に二羽の鶴が北向きに眠っていたという伝承があり、鶴が北を向いていたので本殿も北向きに建てられています。注意すべきは、本殿の建物と鶴石とどちらが古いかということですが、石の方が古いことは言うまでもありません。この石はイワクラとして間違いないと思います。即ち、ずっと古い時期には本殿はなく、二つの石だけがあり、この石を神のヨリシロとして神祭りが行われていたと考えられます。

「鶴石」。本殿の真うしろ。イワクラと考えて間違いない。

「三つ山祭」と「一つ山祭」

神社の周囲には四つの山が見えます。この「四山」は「三山」と「一山」に分けて祭祀が行われています。先ず三山ですが、北には花咲山、東には白倉山、西には高畑山があります。甲子《かのえね》の年に本殿の扉を開いて三山を遙拝するので、これを「御戸開き」と言い、三山を拝むので「三つ山祭」とも言われます。三山とは別に、東北の山を宮山と言います。頂に神紋《しんもん》を描いた白旗を立て、本殿から遙拝しますが、これは「一つ山祭」と呼ばれます。大事なのは、「三つ山祭」も「一つ山祭」も「聖なる山を拝む」という古い伝統を持った祭であることです。以上を整理すると、伊和神社の原初的な祭祀のあり方は、「鶴石」をヨリシロとして周囲の四聖山を拝んでいたものと推測されます。これは前に述べた大和の大神《おおみわ》神社と同じく、「聖なる山を拝む祭祀」と言えましょう。

（追記）「三つ山祭」・「一つ山祭」は、共に伊和神社の「特殊神事」です。「特殊神事」は、その神社だけで行われる神事で、由緒ある神社を研究する場合に大変大切です。

兵庫県

書写山《しょしゃざん》

書写山の本堂。舞台造り。

書写山

書写山は、姫路市の西北にあり、高さは約360メートル。ロープウェーで登れます。ロープウェーの山頂駅からの眺望は抜群です。

西国三十三観音霊場の札所で、寺の名は円教寺、御本尊は如意輪観音。本堂は摩尼《まに》殿とも呼ばれ、舞台造りになっています。開山は日向の霧島山で修行された性空《しょうくう》上人です。平安中期（966年）、性空上人が、桜の霊木に生木のままに如意輪観音を刻まれ、その上に堂を建てられたと言います。その後、間もなく（987年）、花山法王が釈迦三尊像を造立され、常行堂《じょうぎょうどう》・法華堂も建てられ、天台宗となり、西の比叡と呼ばれるようになりました。室町時代、本堂は焼失しました。今の御本尊は、以前の御本尊と同木で造った試みの観音と言われています。御本尊（如意輪観音）は秘仏ですが、毎年、一月十八日に開扉されます。

本堂下の石柱。

本堂の下は大岩盤

この寺での注意点は、本堂の下、および、背後が大きな岩盤だということです。見たところ、この岩盤は一続きのもののようです。結論から言えば、この巨大な岩はイワクラと思えます。前に言ったことがありますが、仏典には、「観音は崖《がけ》に突き出た岩の上におられる。」とあります。そのため、歴史の古い観音霊場は岩場に設けられている場合が多く、そうした場所に本堂を建てると舞台造りになるようです。例えば、既に述べたように近江の石山寺（１２０頁）や奈良の二月堂（39頁）などは観音を祭っていますが、堂はいずれも岩場にあり、舞台造りになっています。そして、石山寺や二月堂の御本尊（観音）は、「直接岩の上に安置」されているようですが、この岩は元々はイワクラだったわけです。つまり、初めに聖なる岩

本堂の背後。本堂は巨大な岩盤を削って建てられている。

（イワクラ）を中心とする原初的な信仰があった場所に、後から仏教（観音信仰）が入ってきたということです。書写山もこれと同じで、この山はずっと古くからの聖なる山であり、その中腹（ほとんど山頂）に聖なる岩を中心とする信仰があり、そこに仏教（観音信仰）が入ってきたと解することができます。

「そさ」山かも

『和名抄』や『播磨国風土記』には、書写山の付近に「巨智里《こち》」・「辛室郷《からむろ》」・「鹿谷《かや》」などの地名が載っています。これらは渡来系の人たちの集落と考えられます。書写山は渡来人によって開かれた可能性があります。付近に大字「曾左《そさ》」があります。土地の人たちは「書写」を「そさ」と発音しています。古記録にも「書写山の旧名は曾左山」とあります。「そさ」は「そさのおのみこと」に関わるとする説もありますが、この「みこと」が新羅に関わることは広く知られているところです。書写山のすぐ東の広峰山《ひろみね》（広峰神社）や白国《しらくに》神社も新羅に関わる神社のようです。

兵庫県

伊《い》弉《ざ》諾《なぎ》神宮

伊弉諾神宮

伊弉諾神宮は淡路島の多賀村（淡路市多賀）に鎮座し、淡路国の一の宮です。延喜式には「淡路伊《い》佐《さ》奈《な》伎《き》神社。名神大。」とあります。

「淡路《あわじ》」とは、畿内から「阿波《あわ》」へ渡る「路《みち》」の意と言われます。阿波路《あわじ》・淡道《あわじ》・粟路《あわじ》などと表記されたこともあるようです。『和名抄』は「阿波知」と訓《よ》んでいます。記紀の国生み神話によると、日本列島の中で最初に生まれたのが淡路島です。また、記紀には、応神・仁徳・履中・允恭の各天皇がこの島に遊んだことが見えています。島

「イザナギノミコト」は『古事記』・『日本書紀』などの「国生み」神話などで有名。

伊弉諾《いざなぎ》神宮正面参道。淡路島に鎮座。淡路国の一の宮。

の南部の三原町（南あわじ市）は人形浄瑠璃の発祥地として知られていますが、ここには国府跡や国分寺跡があり、町のすぐ北には「おのころ神社」が鎮座しています。『和名抄』には「三原郡阿万《あま》郷」とありますが、ここは淡路の海人の本拠でした。その証拠に『日本書紀』には応神天皇の妃兄媛《えひめ》は吉備の出身でしたが、彼女が吉備の葦守《あしもり》に帰る時、天皇は三原の海人八十人に命じて兄媛《えひめ》を船で吉備まで送らせたと記されています。

本殿の真下は古墳か

伊弉諾神宮における注目点は、本殿の真下は古代からの禁足地で、そこには石が累々と積み重ねられていることです。以前は禁足地のすぐ前に本殿があった、換言すれば、本殿の真後ろに石積み遺構があり、そこが禁足地とされていたわけですが、明治十五年に石積み遺構を整地

横から見た本殿。下は古墳か。

して、その上に本殿を移したと言います。この石積み遺構は、御陵の可能性、或いはイワサカの可能性もあると言われています。現地で見たところ、イワサカとは思えませんでしたが、古墳の可能性は十分あると思いました。

太宰府天満宮の場合

古墳の上に建てられている神社に非常によく似た有名な神社があります。九州の太宰府市に鎮座する太宰府天満宮です。『太宰府天満宮』（学習研究社）の中で、同神社の宮司の西高辻信良氏は次のように述べておられます。

「太宰府天満宮は、菅原道真《みちざね》公の御墓所の上に御本殿が建っています。御霊《みたま》と同時に御墓所もおまつりするという形は、日本でもあまりありません。私で三十九代めになりますが、菅原家の一族から必ず宮司家を出しており、まさに道真公の墓守を、私の家は代々やっているわけです。」と。

以上を簡明に言えば、太宰府天満宮は菅原道真公のお墓を御神体とした神社だということです。道真公の没年は９０３年で、平安時代です。古墳時代からは相当年数隔たっていますが、当時の思想がまだ続いていたのでしょうか。

兵庫県

出石《いずし》神社の禁足地

出石神社

出石神社は兵庫県出石郡（豊岡市）出石町宮内に鎮座し、新羅から渡来した天日槍《あめのひぼこ》、および、彼が持参したという八種の神宝（追記1）を祭っています。『延喜式神名帳』に、「伊豆志《いづし》坐神社・八座。並名神大。」とある「八座」とは、前記の持参品の八種の神宝です。また、正倉院文書に、「天平九年（737年）に稲千六百八十束が当てられた。」と記されているので、非常に古い神社であることが分かります。更に、『続日本後紀』（869年成立）・『三代実録』（901年成立）にも神社名が載っています。

『日本書紀』垂仁天皇三年三月条によれば、天日槍は新羅の王子で、渡来した時、天皇から播磨国の宍粟邑《しさはのむら》と淡路島の出浅邑《いでさのむら》を賜ったのですが、更に諸国を遍歴した後、但馬国に至り、出嶋《いづし》の太耳《ふとみみ》の娘麻多烏《またを》を娶って、定住したとされています。

禁足地

出石神社で注意すべきは、境内の東北隅にある300坪ばかりの禁足地です。玉垣で囲んでありますが、そこは古墳の可能性があります。宮司さんもそのように話しておられました。だが、もしかすると経塚かもしれないとも思えました。これも宮司さんのお話ですが、京都大学が発掘

出石《いずし》神社の正面。但馬《たじま》国の一の宮。祭神は天日槍《あめのひぼこ》。

境内の東北にある「禁足地」。広さ約300坪。古墳かもしれない。

調査を希望しているとのことでした。なお、古墳とすれば、出石神社は、この古墳（被葬者）を祭った神社ということになるでしょう。禁足地は今の本殿からは90度右方向にありますが、古くは禁足地の前面に本殿が設けられていたのかもしれません。

（追記1）天日槍の持参品を七種とする記録と八種とする記録とがあります。以下は八種の場合。葉細《はほそ》の珠《たま》・足高《あしたか》の珠・鵜鹿鹿《うかか》の赤石《あかし》の珠・出石《いづし》の刀子《かたな》・出石の槍《ほこ》・日鏡《ひのかがみ》・熊の神籬《ひもろき》・膽狭浅《いささ》の大刀《たち》。以上は『日本書紀』垂仁天皇三年条。

（追記2）出石神社の近くの中島神社には、田道間守《たじまもり》が祭られています。この人は、出石神社の祭神の天日槍の子孫で、『日本書紀』（垂仁天皇九十年春二月条および百年春三月条）によると、常世国《とこよのくに》に使いして、非時《ときじく》の香菓《かくのみ》を持ち帰ったと言います。今は「非時の香菓」は菓子とされ、毎年、中島神社には全国の菓子業者が集まって盛大な祭が行われています。

○関連地図は130頁に。

兵庫県

粟鹿《あわが》神社

古墳を祭る粟鹿神社

粟鹿神社は兵庫県朝来《あさご》郡粟鹿村大字粟鹿（朝来《あさご》市山東町粟鹿）に鎮座しています。ここは出石神社の南です。祭神は『古事記』崇神天皇段に「日《ひ》子《こ》坐王《いますのみこと》を丹波《たには》国に遣はして…」と記されている「日子坐王」です。『延喜式神名帳』には「粟鹿神社・名神大」とあります。かつては、但馬《たじま》国の一の宮でしたが、中世には「二の宮粟鹿大社」と称していました。格式の高い神社で、勅使門が残っていて、境内は非常に神さびた趣があります。

この神社に関する注意点は、本殿の背後に接して古墳（円墳）があることです。初めそこに古墳があり、後にその前に社殿が設けられたものと推測されます。逆は考えられません。ということは、この神社はこの古墳の被葬者を神として祭ったものということになります。祭神の日子坐王の墓と伝えられていますが、この一帯の有力者（円山《まるやま》川をさかのぼった海人の首長）の墓としておくのが妥当ではないでしょうか。

○関連地図は130頁に。

粟鹿《あわが》神社本殿。その背後に接して古墳が築かれている。これは「古墳のすぐ前に、後世に社殿が設けられた。」ということである。

兵庫県

中《なか》山《やま》寺

中山寺本堂。観音霊場の札所。

中山寺

中山寺は兵庫県宝塚市中山寺にあり、西国三十三観音霊場の札所です。お寺発行の『中山寺の栞』には、要旨次のような記事が載っています。

「中山寺は千四百年前、仲哀天皇の妃大仲姫《おおなか》ゆかりの地に、聖徳太子によって開かれた観音霊場で、境内の『石の唐《から》櫃《ひつ》』は大仲姫の御陵と言われる。本尊の十一面観音像は平安初期の彫像で、国の重文。インドの王妃勝鬘《しょうまん》夫人のお姿に似た像といわれ、異国情緒が感じられる。平安中期には多田源氏の祈願所となった。八月九日に行われる『星下り』の会式《えしき》は、三十三所霊場全ての観音が星にのって中山寺に参集されるという法要。これは『中山寺が極楽の中心』という思想から発している。」と。

境内の横穴式古墳

本堂の左手に古墳があります。横穴式石室なので、六世紀に築かれた後期古墳と思われます。寺伝では被葬者は大仲姫としていますが、古墳で被葬者が明白なものは極めて稀《まれ》ですから、この古墳の被葬者もこの地における一有力者としておくのが無難でしょう。石室の中には立派な石棺がありますが、石材は播磨の龍山《たつやま》石のようです。前記のように、寺伝は「中山寺の境内に古墳がある」と説明していますが、私は反対だと思います。即ち、「古くからあった古墳の傍らに後に中山寺が建てられた」と考えた方が妥当です。そうだとすれば、中山寺は、この古墳と何か関わりを持つ寺と考えざるを得ません。例えば、古墳の被葬者（有力者）の一代か二代くらい後の有力者が自分たち一族の氏寺として建てたのが中山寺であるというようなことです。

本堂左手の古墳。横穴式。中に立派な石棺がある。「古墳が先にあり、その傍らに寺が設けられた。」と考えられる。

日前《ひのくま》神宮の正面。向かって右方向に国懸《くにかかす》神宮がある。社殿は同じ造り。

和歌山県

日前《ひのくま》・国懸《くにかかす》神宮と名草《なぐさ》山

日前・国懸神宮

日前・国懸神宮は、和歌山市秋月に鎮座。紀伊国の一の宮。両社は各々独立の神社で、『延喜式神名帳』にも両社別個に、それぞれ名神大社として記載されています。現在、両社の社殿は、同じ境内に左右に並んでいますが、向かって左が日前宮、右が国懸宮です。土地の人は両社を合わせて「日前《にちぜん》さん」と呼んでいます。

神職は、古代から連綿として紀伊国造《こくぞう》家の紀《き》氏がつとめておられます。宮司とは言わず、「国造」というのが神職名で、出雲大社の国造《こくそう》（千家《せんげ》氏）と同じです。御神体は、社伝によれば、高天原《たかまがはら》の天岩戸《あまのいわと》の前で、石凝姥《いしこりどめの》命《みこと》が作った日像鏡《ひかたのかがみ》と日矛鏡《ひほこのかがみ》です。この二面の鏡の次に作られたのが伊勢神宮内宮の御神体の「八咫鏡《やたのかがみ》」で、これら三鏡は天孫降臨の際にいっしょに携行されたものと伝えられています。日像鏡は日前神宮に、日矛鏡は国懸神宮に祀られています。

祭神は国造家紀氏の祖神か

注意しなければならないのは、前記のように、この神社は、伊勢神宮の御神体の「八咫鏡」と同笵《どうはん》の日像鏡・日矛鏡を御神体としているので、皇室と関係深い神社という印象が強いのですが、元々は紀伊国造家の紀氏の祖神を祭った神社と考えられることです。各地域の歴史の古い神社にあっても、大和政権に関わる人物（中央的な人物）を祭るようになるのは、その地域が大和政権に服属した後の場合が多いようです。例えば、豊前国の宇佐神宮では、応神天皇・神功皇后、および、比売神《ひめがみ》の三神を祭っていますが、前（46頁）に述べたように、応神天皇と神功皇后は後に加えられた祭神で、初めは比売神だけを祭っていたと思われます。この比売神は普通名詞ですから、どんな人物かは分かりませんが、古くから宇佐地域の共同体の人たちから崇められていた神（地主神）と考えられます。これに対して、応神天皇や神功皇后のような中央的な固有名詞の神は、後から入ってきた権力的な神（外来神）です。大和から遠く離れた九州の一地域（宇佐）の人たちが、初めから応神天皇や神功皇后を祭るはずはありません。

以上のような次第で、紀伊地域で祭られていた神は、当初はこの地域の共同体の人たちが崇めていた神でしたが、時代が下って有力首長（紀伊国造家）が出現すると、地域の人たち全員が、その有力者の祖神を崇めるようになりました。更に、時代が下がって、この地域が大和政権に服属すると、大和政権に関わる神を祭るようになったと推測されます。

名草山《なぐさやま》

では、紀伊地域の古代の共同体の人たちが祭っていた神とは、どんな神なのでしょうか。結論から言えば、それは「名草山」の神です。この山は紀伊国第一の聖なる山で、日前・国懸神宮の神体山と考えられますが、そのように考えられる根拠の一つは、名草杜夫氏の著『名草王国の盛衰』（回天発行所）に載っている次のような記事です（要旨）。

「日前・国懸神宮の神事には、古来、名草山の榊が用いられた。このことは絶対厳守であった。（中略）八十代国造紀俊嗣氏から直接お聞きしたところでは、戦前までは、日前・国懸神宮における平瓮伏祭《ひらかふせ》・平瓮起《ひらかおこし》祭に用いる平瓮を作る時は、埴使《はにつかい》が名草山の山頂から採った埴土を用いていた。」と。

以上の記事は、名草山が日前・国懸神宮の神体山であることの証《あかし》です。神事に用いる土器を作るのに聖なる山の頂の埴土を用いる例は、前に述べたように、大阪の住吉大社にも見られます（29頁）。この神社では、畝傍山

名草山。南から見たもの。紀伊国の中心「名草郡」第一の聖なる山。日前・国懸神宮の神体山。紀三井寺はこの山の中腹にある。

の山頂の埴土を採っています。また、これも前に言ったように、『日本書紀』神武天皇即位前紀にも、次のように記されています。「天香山《あまのかぐやま》の埴《はにつち》を取りて、天平瓮《あまのひらか》を造りて、天社《あまつやしろ》国社《くにつやしろ》の神を祭《いはひまつ》れ。（中略）これ大和の国の物実《ものざね》。」と（30頁）。これは神武天皇が大和に攻め入る時、神のお告げによって、天香山の頂の埴土で作った土器を用いて戦勝祈願をしたというものです。香具山は大和第一の聖なる山で、その山頂の埴土は「大和の国の物実」と考えられていたわけです。畝傍山・香具山はいずれも聖なる山です。同様に、日前・国懸神宮の祭祀に用いる土器を作るための埴土を採る名草山もまた聖なる山と考えられます。

なお、聖なる山には仏教が入ってくる例が多いのですが、名草山には紀三井寺が建てられました。この寺は西国三十三観音霊場の第二番札所です。境内には「三井寺」の名に相応しい綺麗な泉が湧いています。

以上から、日前・国懸神宮の根元には名草山が関わっていることが分かります。即ち、ずっと昔に紀伊地域、中でも『和名抄』にいう名草郡に住んでいた共同体の

名草山中腹の紀三井寺。観音霊場の札所。

人たちは、名草山を崇めながら生活していました。やがて、この地域は有力首長（紀伊国造家）によって統一されましたが、首長もまた名草山を崇め、その麓に山を拝むための神社を設けたのです。それが日前・国懸神宮の起こりと考えられます。社伝によれば、その鎮座地は、初めは名草郡毛《け》見郷《みごう》（紀三井寺の南）の舟着浦（摂社浜宮の地）ではなかったかと言われています。おそらくは、これが正しいと思えます。というのは、現在の鎮座地からは名草山の姿はうまく見えませんが、「毛見」からは綺麗に見えるからです。

日前・国懸神宮の本来の主神

日前・国懸神宮では、前記のように、今では「八咫鏡」と同笵の「日像鏡」と「日矛鏡」を祭っていますが、元々はどんな神を祭っていたのでしょうか。結論から言えば、元の主神は「名草戸畔《なぐさとべ》」と考えられます。『日本書紀』の神武天皇即位前紀戊午年夏の条に次のような記事が載っています。

「六月《みなづき》の乙未《きのとひつじ》の朔《ついたち》丁巳《ひのとのみのひ》に、軍《みいくさ》、名草邑《なくさのむら》に至《いた》る。則《すなは》ち、名草戸畔《なくさとべ》といふ者を誅《ころ》す。」と。

この記事の要点は、「神武天皇の軍が名草邑に着いた。そして、名草戸畔を殺した。」というものです。ここで重要なのは、「名草戸畔」の「戸畔《とべ》」は女性に付けられる言葉だということです。つまり、神武天皇と戦った名草地域の統率者は女性首長であったということです。

更に、『日本書紀』には、続いて、「熊野の荒坂津《あらさかのつ》に至ります。因りて丹敷戸畔《にしきとべ》といふ者を誅す。」とあります。即ち、神武天皇軍は名草から南下して紀伊半島の南端の「熊野」に進んだのですが、ここでも「丹敷戸畔」という女性首長を殺しているのです。私は以前、『風土記』に見える女性首長を調べたことがありますが、その数が非常に多いのには驚きました（追記2）。こうした女性首長は、ヒミコのような巫女的首長だったのではないかと思います。

名草戸畔《なぐさとべ》

中言《なかこと》神社。向かって左に日前神宮、右に国懸神宮がある。両社の真ん中に中言神社があるわけで、これは境内で最重要の位置。祭神は紀伊国の始祖王的な人物と推測される。

名草戸畔の話に戻ります。古代は「祭政一致」でしたから、名草戸畔は名草山を拝む祭祀権と名草郡の政治権の両方を握っていた人物と考えられます。そして、彼女の系譜に連なるのが後の紀伊国造家ではないかと推測されます。ところで、日前・国懸神宮の境内には、向かって左に日前神宮、右に国懸神宮が鎮座していますが、注意をひくのは、両社の真ん中に「中言《なかこと》神社」が鎮座していることです。この神社は「摂社」ですが、それにもかかわらず、なぜ両社の真ん中にあるのか、なぜこんな重要な場所に鎮座しているのかが問題です。今は「名草彦・名草姫」の二神を祭っていますが、大胆な推測をすれば、元は「名草戸畔」（紀氏の祖神）を祭っていたのが「中言神社」ではないかと考えられます。

　例えば、備中の吉備津宮の主神は、吉備津彦命（孝霊天皇の皇子）で、大和政権に関わる神ですが、これは吉備が大和に服属した後に「祭るようになった」神と考えられます。「祭るようになった」と言うよりも、「祭らされた」と言った方が正しいのかもしれません。これは吉備だけの話でなく、全国的に言えることではないでしょうか。では、大和に服属する以前にその地域の人たちが祭っていた神は、どうなったのでしょうか。これは大変大切な問題ですが、相殿の神として、或いは境内のど

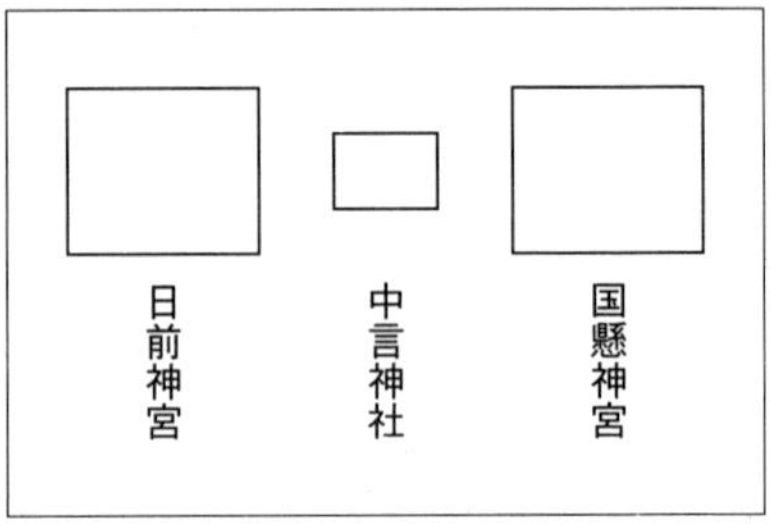

中言神社は摂社であるにもかかわらず両神社を含めた境内の中央部に鎮座している。

こかに摂社とか末社の神として、或いは地主神などの形で祭られることが多かったのではないかと思われます。

日前・国懸神宮の場合は、本殿には皇室と関係の深い日像鏡と日矛鏡が祭られているので、本来の主神は境内のどこかに、別の社殿に祭られているはずです。見たところ、境内にはかなりの数の摂社や末社がありますが、最も重要な場所を占めているのは、「中言神社」です。それは前記のように飛び抜けて重要な場所です。故に、その祭神は、紀伊国造家の祖神以外には考えられません。そして、その祖神の最有力候補は「名草戸畔」以外には考えられないということです。

（追記1）前記のように、『日本書紀』の神武天皇即位前紀には、「軍《みいくさ》、名草邑《なくさのむら》に至る。名草戸畔《なくさとべ》といふ者を誅《ころ》す。」とあるので、「名草戸畔」は天皇に反抗した悪者だと思う人がいるかもしれませんが、前掲の名草杜夫氏の著『名草王国の盛衰』によれば、今でも名草山の麓に住む地元の人たちは、「名草戸畔」を、いろいろな形で、ここかしこの神社で祭っているそうです。古代吉備における大有力者であったと伝えられる「温羅《うら》」は、吉備津彦命に征伐された悪い鬼神と言われますが、一方では、古代吉備の恩人であったと言う人もいます。実際、温羅はあちこちの神社で祭られているのです。名草戸畔と温羅は似ているように思えます。

（追記2）古代には名草戸畔のような女性首長が相当数いたようです。『風土記』を調べたら次のようになりました。『播磨国風土記』では、男性首長（17人）・女性首長（25人）・性別不明の首長（17人）。『出雲国風土記』では、男性首長（17人）・女性首長（16人）・性別不明の首長（5人）。女性首長が多いのには驚きました。以下は省略しますが、『古事記』・『日本書紀』にも女性首長の名がかなりの数見えています。

三重県

斎宮《さいぐう》と朝熊山《あさま》

斎宮跡の「斎王宮跡」。斎王が住んでいたとされる。

斎宮

斎宮は、伊勢神宮に奉仕した斎王（未婚の内親王または女王）が居住した宮殿と、その事務を取り扱う斎宮寮という役所を含んだものを指します。毎日グラフ別冊『古代史を歩く・10』には、要旨次のような記事が載っています。

「斎宮跡は約

一四〇ヘクタールの広大な史跡。標高約一〇メートルの洪積台地にある。発掘調査の範囲は一二ヘクタールで、一三〇二棟の建物が見つかった。このうち奈良時代が四〇四棟、平安時代が八五二棟、鎌倉時代以降が三〇棟である。掘立柱建物に限られ、基壇を持つ礎石建の建物は皆無で、瓦も一〇数点しか見つかっていない。遺物のうちで最も多いのは土師器。祭祀に使用された膨大な土師器が、再使用されることなく廃棄され続けた斎宮の特異性を物語る。」と。

斎宮から見た朝熊山《あさまやま》

かつて、私は、一つの疑問を持って、斎宮跡を訪れたことがあります。その疑問とは、「斎宮が設けられた地は、以前から何か特別な意味を持った地ではなかったか。」というものでした。というのは、朝廷が重要な斎宮を何の意味もない場所に設けることはないと考えたからです。

現地で磁石をあててみたところ、斎宮跡から見ると、朝熊山が冬至の日の出線上にあることに気づきました。ということは、斎宮の地は、朝廷がそこに斎宮を設ける以前から朝熊山に昇る冬至の日の出を拝む聖地であり、その故に、そこを選んで斎宮が設けられたと考えられるわけです。

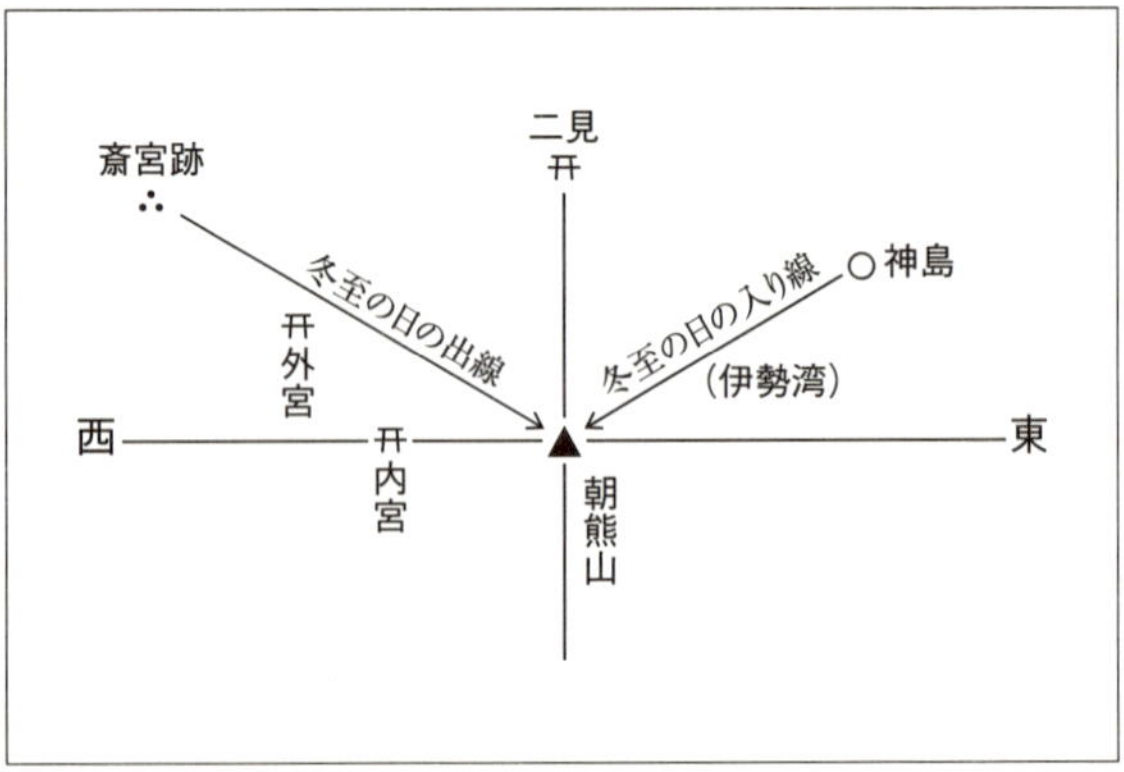

斎宮に人が立てば冬至の朝日は朝熊山に昇る。神島から言えば冬至の夕日は朝熊山に沈む。この山は二見の真南に当たる。朝熊山は伊勢第一の聖山。故に、山麓に内宮が設けられたわけである。

聖なる朝熊山

朝熊山は、「お伊勢参らば朝熊をかけよ、朝熊かけねば片参宮。」と歌われ、「神宮の奥の院」と言われた山で、伊勢内宮の神体山と言えます。聖なる山が仏教的

朝熊山。伊勢地域第一の聖なる山。伊勢神宮（内宮）は右方向の山麓に鎮座。写真は二見から見たもので、川は五十鈴《いすず》川。

霊山となる例は多いのですが、弘法大師は朝熊山の頂に金剛証寺《こんごうしょうじ》を建てられました。しかも、この寺で最も重視されている明星《みょうじょう》堂に祀られている雨宝《うほう》童子（重文）は、大師が内宮に祭る天照大神のお姿を感得して彫ったものと伝えられています。加えて、この山上で発見された経塚《きょうづか》群は世上とみに有名ですが、経塚もまた霊山に設けられる例が多いのです。とりわけ注意すべきは、出土した経筒の中に、「承安三年（1173年）に伊勢大神宮権禰宜《ごんねぎ》正四位下荒木田神主時盛と度会《わたらい》宗常が現世後生安穏太平を願って納めた」という意味の銘の入った経筒があることです。即ち、伊勢神宮を預かる神主が、朝熊山に「現世後生安穏太平」を願って経を納めているのです。朝熊山が如何に霊山であったか、いかに神宮と深い関係があったかが察せられます。

「朝熊山は内宮の奥の院だから大切な山である。」と考えるのは本末転倒です。伊勢神宮の歴史が古いといって

朝熊山の頂の金剛証寺。「神宮の奥の院」と言われた。

も朝熊山の方が古いことは言う迄もありません。山はずっと前からそこにあったからです。即ち、この山が聖なる山であったから、この山の麓に内宮が設けられたと考えられます。

朝熊山の山頂

朝熊山に登ってみると、頂上には立派なイワクラがありました。その岩は、かなり破損されていましたが、そこから東方を眺めると、伊勢湾上に神島《かみじま》を、更に、その向こうに伊良湖《いらご》岬を望むことができました。神島に鎮座する八代《やしろ》神社に秘蔵されている神宝（古鏡・三彩など）は、この島における古代祭祀に関わるものだという研究者は多いようです。ところが、神島から冬至の日の入りの線を求めると、朝熊山に当たります。神島が聖なる島となったのも朝熊山との関係に因ると、私は考えているわけです（148頁の図）。

伊良湖岬の向こうは「東海」地方です。朝熊山からは、晴れた日には富士山を見ることができるそうです。大和朝廷が伊勢地域に進出したのは、ここから海を渡っ

朝熊山の頂のイワクラ。向うは伊勢湾。その向うは伊良湖《いらご》。

て東海地方へ進出するためであったとする研究者もいます。

このように見てくると、朝熊山は正に伊勢地域第一の聖なる山であり、この山を抜きにしては、この地域の古代を考えることはできないと言えましょう。なぜ斎宮がそこに設けられたかを考えるにも、朝熊山との位置・方位関係で考えるのが妥当と思えます。或る研究者は、多少のズレはあるとしながらも、内宮とその西北にある外宮を結んだ線の延長線上に斎宮が位置するとした上で、西北は乾《いぬい》であって天・太陽・円・車を象徴するとして論説を展開されていますが、これは内宮（社殿）を中心に据えた上での論です。「内宮と斎宮の方位関係」という視点に立つよりも、「朝熊山と斎宮の方位関係」という視点に立つ方が妥当であると、私は確信しています。

二見《ふたみ》の興玉《おきたま》

日の出・日の入りには関係ありませんが、二見から見ると真南が朝熊山です（１４８頁の図）。内宮の神域を流れる五十鈴《いすず》川は二見に流れこんでいます。二見から五十鈴川をさかのぼれば、内宮に達することができるわけです。二見もまた、倭姫《やまとひめ》、および神宮に関わる古代からの聖地です。

二見に鎮座している興玉《おきたま》神社のことで、次のことを付言しておきます。

興玉神社の夫婦《めおと》岩の間から昇る朝日は大変有名ですが、この神社の御神体は夫婦岩の沖の海中にある平たい巨岩であることはあまり知られていないようです。実は、その巨岩の名が「おきたま」で、それが神社の名になっているのです。神職さんのお話では、しめ縄のかかった夫婦岩は、この巨岩に対する鳥居のような役目のものだそうです。「おきたま」という巨岩は「海中のイワクラ」と言えます。

なお、元旦の朝日は夫婦岩の間からは昇りません。ここから昇る朝日を拝むことができるのは、夏至の日を中心とする夏の何日間だけのことです。元旦はおろか、年間のほとんどの日は、夫婦岩の間から朝日が昇ることはないということです。地図を基に、磁石をあてて、調べてみてください。

（追記1）前記のように、朝熊山の頂には「経塚」が発見されています。「経塚」は平安中期以降に造られるようになったもので、経筒に入れた仏典を山頂に埋納しました。目的は仏典を後世に伝えることでしたが、中世になると極楽往生・現世利益・供養などを目的とするようになりました。「経塚」が見つかるのは聖なる山（霊山）の頂です。皆さんのお住まいの近くの山にもあるかもしれません。

（追記2）「朝熊山」と書いて「あさま山」と発音していますが、「朝熊神社」（内宮の摂社の筆頭）の場合は「あさくま神社」と発音しているようです。なお、「朝熊神社」が摂社の筆頭であることは、内宮にとって「朝熊山」が非常に大切な山である証拠と考えられます。

中国・四国

鳥取県

宇倍《うべ》神社の亀金岡《かめがねのおか》

宇倍神社

宇倍神社は因幡《いなば》国の一の宮で、鳥取県岩美郡（鳥取市）国府町宮下に鎮座。この辺りは、因幡国の中心地域で、東方には稲葉《いなば》山（因幡山）、南方には因幡国庁跡・国分寺・国分尼寺があり、近くには謎の石造物として知られる「岡益《おかます》の石堂」もあります。『延喜式神名帳』には「因幡国法美《ほうみ》郡宇倍神社。名神大。」とあり、祭神は武内宿《たけのうちのすく》祢《ね》とされています。社家は古代から明治まで伊福部《いふくべ》氏です。この氏族は古代の郡司で、平安中期以降は国府の在庁官人として重きをなした名族です。祭神とされている武内宿祢は大和的な人ですから、本来の主神は、「社家」であり「郡司」でもあった「伊福部氏」の祖の可能性が大きいと思われます。

宇倍神社に近い「岡益《おかます》の石堂《せきどう》」。謎の石造物。

宇倍《うべ》神社正面。因幡《いなば》国の一の宮。背後に古墳がある。

古墳を祭った神社

この神社における注意点の第一は、本殿の背後にくっつくような形で古墳（円墳）があることです。前に「神社に参った時は、本殿の背後に廻ってみることが大切」

と言いましたが、この神社では、そこに古墳があるわけです。では、古墳と神社の社殿とどちらが古いかと言えば、勿論古墳です。つまり、初めに古墳があり、後に古墳のすぐ前に社殿を設けたということになります。逆は考えられません。そうだとすれば、この神社は古墳を祭った神社、古墳の被葬者を神として祭った神社ということになります。その被葬者とは、古代からずっと「社家」を務められた「伊福部氏」の祖と考えて間違いないでしょう。整理すると、因幡国の有力者であった「伊福部氏」の祖を、その子孫が代々「社家」として祭ってきたのが宇倍神社だということです。

（追記）粟鹿《あわが》神社も古墳を祭っています（138頁）。

双履石《そうりせき》

注意点の第二は、古墳の頂にある「双履石」と呼ばれている二つの石です。「履」は「くつ」ですが、名の由来は、祭神タケノウチノスクネが昇天する時、この石の上に双《ふた》つの履をのこしていったという伝承に基づいたものです。双履石はイワクラとみることもできますが、「道教《どうきょう》」に関わるものかもしれません。というのは、道教は中国の大宗教ですが、その達人は「尸解《しかい》」と言って、死んだ時に屍《しかばね》をのこさず、冠・衣服・くつなどをのこして天に昇ると言われているからです。その尸解を思わせるのが双履石です。そして、こうした伝承が宇倍神社にあることは、神社の鎮座する因幡国（鳥取県）の辺りに道教が来ていた可能性を思わせるものでもあります。

「双履石《そうりせき》」。本殿の背後に接する古墳の頂にある。祭神が昇天する時、この石の上に履《くつ》をのこしていったという。イワクラであろう。

山陰

（追記）『日本書紀』に載っている「尸解」の話を二つ紹介しておきます。

一つは、「日本武尊《やまとたけるのみこと》が死んだ時、白鳥になって飛んでいったので、棺桶を開いてみたら、衣だけがのこっていて、屍はなかった。」というものです。

二つめは、「聖徳太子が片岡山という所で、飢えた一老人に会い、食物と衣服を与えた。しばらくして、使者に見にゆかせたところ、死んでいたので埋葬させた。数日後に使者に調べさせたところ、棺の中に屍は無く、衣服が畳んで棺の上に置いてあった。」というものです。

道教が因幡に来たコース

では、道教はどんなコースで因幡に来たのでしょうか。一つの仮説ですが、中国の揚子江（長江）下流地域（江南）から、東シナ海を越え、対馬海流に乗って因幡に来た可能性があります。今でも中国の難民船の中には、華南の福建から出航して山陰沖に漂流してくる場合があります。山陰地方に来るものは、朝鮮半島から来る場合もありますが、中国の南部からのコースも考慮に入れる方がよいと、私は考えています。いずれにしても、古代祭祀の研究には道教に留意することが非常に重要です。その場合、日本列島に道教が伝わったのはいつ頃かという点も大きな問題ですが、私は、三世紀（卑弥呼の頃）には既に道教が来ていたと推測しています。その詳細に関しては、小著『楯築《たてつき》遺跡と卑弥呼の鬼道《きどう》』（吉備人出版）を参照してください。

（追記1）『風土記』（岩波書店刊・日本古典文学体系）に収められている「因幡国風土記逸文《いつぶん》」の中に「武内《たけのうちの》宿禰《すくね》」と題する以下のような記事が載っています。

「難波の高津《たかつ》の宮に天下を治《しろ》しめしし五十五年春三月、大臣武内宿禰、御歳三百六十餘歳にして、当国に御下向あり。亀金《かめがね》に双《ふたつ》の履《くつ》を残して、御陰所《みかくれどころ》を知らず。蓋し聞く、因幡の国法美《ほうみ》の郡の宇倍山《うべやま》の麓に神の社あり。是は武内宿禰の霊《みたま》なり。」

ただし、訳注者は、「古代の風土記の記事とは認められない。」・「鎌倉以前にさかのぼり得ない記事。」としています。

（追記２）右の記事だけではなく、『風土記』の「逸文」には、あまり信用できない記事もかなり含まれているようです。「逸文」は、断片的な記事です。例えば、「備中国風土記逸文」というのは、まだ『備中国風土記』の実物全体が存在していた時に、或る貴族がその日記にその一部を引用したとします。その後、戦乱などで『備中国風土記』が焼失したような場合、その日記が残っていれば、引用部分だけが残るわけです。それが「逸文」です。なお、なんとか残っているのは、出雲国・播磨国・常陸国・肥前国・豊後国の五国の風土記だけです。

（追記３）道教の眼目は「不老長生」です。元気で長生きすることを願うわけです。古代中国の最初の王とされる「黄帝《こうてい》」は、道教で大変尊敬されています。彼は、３８０歳まで生きたそうです。中国での長寿の最高記録保持者でしょう。宇倍神社に祭るタケノウチノスクネは、３６０歳まで生きたと言います。日本人で最も長生きした人でしょう。

鳥取県

伯耆《ほうき》大山《だいせん》の金門《きんもん》

伯耆大山は「浅間型」

神道考古学者として知られた大場磐雄氏の分類によれば、神体山には二種類があります。一つは大和の三輪山のように人里に近く比較的低い山で、「神南備型《かんなび》」と呼びます。今一つは富士山のような高山で「浅間型《あさま》」と呼びます。後者の場合、ずっと古くは人々は頂上まで登ることはなく、麓から拝んでいましたが、平安以後、密教や修験道が盛んになると、修行者たちが頂上まで登るようになったようです。

この分類に従えば、伯耆大山は「浅間型」ですから、ずっと古くは麓から拝んでいたと思われます。では、どこから拝んでいたのでしょうか。換言すれば、麓で大山という霊山の祭祀を行っていた場所はどこなのでしょうか。

現在、大山の麓（中腹）にある信仰の拠点は、大山寺と大神山《おおかみやま》神社奥宮の二つです。では、今問題にしている古代の大山を拝む場所は、大山寺の本堂の位置であったのか、それとも大神山神社奥宮の位置であったのでしょうか。だが、ずっと古い時期には、寺の本堂とか神社の社殿などはなかったはずです。したがって、こうした建物はすべて除去して考えねばなりません。

金門《きんもん》

古代の祭祀の拠り所として考えられるものの一つに岩（イワクラ）があります。そうした観点からすると、その有力候補は「金門《きんもん》」です。「金門」は「切り分け」とも言い、両方からすごい巖壁《がんぺき》が迫っています。大山寺の縁起によると、孝元天皇の御代、八大龍王が瞬時にこの巖《いわ》を切り開いたが、その時、金剛鳥《こんごうちょう》が来て、次の如き偈《げ》を唱えたと言います。

「大山多寶仏。開鑰《かいやく》御金門。應化身垂迹。釈迦両足尊。」と。

文中の「鑰《やく》」は「鍵《かぎ》」の意味ですから「開鑰御金門」とは「金門を開いた」ということです。大山寺にあって

金門《きんもん》。両方から岩壁が迫っていて「切り分け」とも言う。八大龍王が開いたと伝えられる秘所。大山の北壁を仰ぎみることができる。かつては大山の遥拝所であったろう。辺りは「賽《さい》の河原」と呼ばれ、霊の集まる所とされている。左の写真は下方から見たもの。右は上方から見たもの。

金門から見た大山の北壁。

は、この金門は古来神秘的霊地とされています。そして、昔は左右の断崖の上に五大虚空蔵・求聞持《ぐもんじ》堂・釈迦堂などがあったと言います。また、「禁門」の字を当てることもあり、ここから内は霊域だから入ることを禁じる意だとも言います。加えるに、金門からは南方に大山の北壁をすぐ間近に仰ぐことができます。

以上を総合して考察すると、古代における金門は、麓から大山を拝む場所であり、ここから大山に向かっての祭祀が行われていたものと推察されます。別の言い方をすれば金門は大山を拝む時の巨大なイワクラであったということになります。

葬地と聖地

金門を訪れて直感したことですが、もしかすると、古代にあっては金門は現世と来世の境だったのかもしれません。即ち、金門から向こうが霊の休まる所であったということです。というのは、かつての葬地が後に聖地になっている場合があるからです。

金門の辺りは「賽《さい》の河原」と呼ばれ、今も霊の集まるところとされているので、話は符合します。

鳥取県

孝霊山《こうれいざん》

孝霊山

孝霊山は、上淀《かみよど》廃寺や麦木《むき》・晩田《ばんだ》遺跡で有名な米子市淀江町と大山町との境、伯耆大山《ほうきだいせん》の北に位置しています。山頂は三峰となり、最高所は標高751メートルです。大山は1729メートルですから、孝霊山はほぼ半分の高さということになります。北の平野部からは、「麓から山頂まで」孝霊山全体を眺めることができます。私の経験では、「麓から山頂まで」眺めることのできる山は、そう多くはありません。その上、一見して「古来の聖なる山」と断言して間違いないほど美しい姿をした山です。

「大山と孝霊山の山くらべ」という伝承があります。昔、朝鮮半島の韓国《からくに》の神が、日本の山と背比べをしようと、「韓山《からやま》」という山を船に載せて日本海を渡ってきましたが、大山を見て、とてもかなわないと思い、韓山を置いて帰ってしまったというのです。この伝承は別にしても、韓山は即ち「高麗山《こうらい》」で、それが後に「孝霊山」と表記されるようになったものと思えます。したがって、「孝霊山」は、古代に朝鮮半島から渡来した人たちに関わる山名と考えられますが、それは換言すれば、孝霊山の麓には朝鮮半島からの渡来人が多く住んでいたということでもあるわけです。この山の北麓に「唐王《からおう》神社」が鎮座していますが、この神社名も同様に考えられます。

礼拝石《らいはいせき》

唐王神社の近くに、「礼拝石」と呼ばれている石があります。この石については、平安初期、円仁慈覚《えんにんじかく》大師が、唐に渡られるに当たって、大山寺に航海安全を祈願するためこの地を訪れた時、この石のところから孝霊山や大山を遙拝されたという伝承があります。そのため「礼拝石」の名があるわけで、今も地元の人たちから大事にされています。この石から眺めた孝霊山の姿は特に美しく、且つ、神々しいもので、私も、しばらく時を忘

孝霊山《こうれいざん》。北（日本海側）から眺めたもの。実に美しい山容。手前の岩「礼拝《らいはい》石」は、孝霊山を遥拝する時のイワクラと考えられる。

れて孝霊山を眺めました。前記のような伝承は別にしても、この石は聖なる岩（イワクラ）と考えて間違いないでしょう。

円仁慈覚大師は、平安初期の方で、最澄《さいちょう》伝教大師の高弟です。唐に渡って勉学し、帰朝後、延暦寺の三代めの座主になられました。著書の『入唐求法《ぐぼう》巡礼行記』は大変有名です。

天《あめ》の真《ま》名《な》井《い》

孝霊山の麓には各所に綺麗な水が湧いています。中でも有名なのは全国名水百選に選ばれた「天《あめ》の真《ま》名《な》井《い》」です。一日に2500トンもの清水が湧くそうです。こうした湧水の地は、古代人にとって最良の住居地であったと思えますが、そこに最近有名になった麦木・晩田遺跡（弥生時代の集落遺跡）があるのです。考えてみねばならないのは、この遺跡が何故ここにあるのかという点です。私は、そこに綺麗な水の湧く泉があるからと考えています。そして、その水は聖なる孝霊山からの贈り物と言ってもよいと思います。朝に夕に孝霊山を仰ぎ、その山麓から湧く清水の恩恵を受けながら暮らしていた麦木・晩田地域の古代人たちの姿が想像されます。

渡来人

麦木・晩田地域に住んだ人たちや、時代は下がりますが上淀廃寺の建築に関わった人たちは、朝鮮半島からの渡来人と考えられます。特に有名なのは上淀廃寺金堂の壁画で、それは法隆寺金堂の壁画とほぼ同時期の素晴らしい絵であったと推測されています。それはそれでいいのですが、問題は、法隆寺の壁画を描いた画家が上淀廃寺へ派遣されたのだろうとか、そうした優れた技術が大和から山陰の淀江に伝えられたのだろうとかというような説を唱える人たちがおられることです。これらの人たちは、朝鮮半島の技術や文化は、先ず大和に伝わり、それから山陰に伝わったと考えておられるわけです。だが、これは、大和を中心にものを考えようとする結果ではないでしょうか。山陰の方が大和よりも朝鮮半島に近いことは地図を見れば一目で分かることです。私は、吉備（岡山）に住んでいますが、古代を考える時は、「大和から吉備へ」ではなく、「吉備から大和へ」という立場に立つのが当然と考えています。

島根県

美保《みほ》神社

美保神社

美保神社は島根県八束郡（松江市）美保関町に鎮座する古社で、祭神は大国主命の子の事代主《ことしろぬし》命と大国主命の妃の三穂津《みほつ》姫命です。事代主命は俗に「えびす」神として広く信仰されています。

　この神社の神事で有名なのは、四月七日の「青柴垣《あをふしがき》」神事と十二月三日の「諸手船《もろたぶね》」神事です。両祭とも『古事記』の国譲りの神話に基づいたもので、長い伝統と深い由緒があり、しばしば諸書で紹介されています。

神迎神事

だが、私の考えでは、この神社での注意すべき神事は、毎年五月五日に行われる「神迎神事」です。以下は、社務所の方からお聞きした話の要点です。

「この日、午前二時半、舟一隻に宮司さんと当屋《とうや》さん

美保神社。美保関町に鎮座。

が乗り込んで、『沖《おき》の御前《ごぜん》』に向かう。その目的は、新しい神威を持った神をお迎えすることにある。岩に上がって岩にしめ縄を掛けて祭りをし、帰途は『地《じ》の御《ご》前《ぜん》』に寄り、同様の祭りをする。本社に帰り、お迎えした新しい神をお祭りする。」と。

以上の神事は、一言で言えば「ミアレ」です。つまり、神の若返りということです。まだ述べていませんが、九州の宗像《むなかた》大社では、毎年、沖津宮の神を辺津宮にお迎えしています（207頁）。前にお話ししましたが、京都の上賀茂神社でも毎年、神山《こうやま》の神をお迎えします。同じく下鴨神社でも毎年、御蔭山《みかげやま》の神をお迎えします。これらは全て「ミアレ」神事であり、神が若返られるための神事です。一般に神威は一年経つと弱られます。したがって、神社で頂く御札も一年経つと神社へお返しして、改めて新しい御札を頂くわけです。

「地《じ》の御前《ごぜん》」は右向うに見える岩（島）。同じような岩（島）が更に沖にあり、「沖《おき》の御前《ごぜん》」と呼ばれる。毎年、ここから新しい神を本社にお迎えする。

くどいようですが、五月五日の「神迎神事」は、美保神社における「ミアレ」神事にほかなりません。それが真夜中に行われる点も大切です。神事は真っ暗闇で行われるのが本当だからです。「青柴垣」神事や「諸手船」神事よりも「神迎神事」の方が本質的な意味では重要と言えるかもしれません。

地の御前・沖の御前

『出雲国風土記』に「等等嶋《とどしま》」・「上嶋《かみしま》」

という二つの島が出てきますが、『出雲国風土記』（岩波書店）の訳注には、「等等嶋は地蔵崎東方海上の『地の御前』。上嶋は地蔵崎東方海上の『沖の御前』。」と記されています。地の御前・沖の御前は共に岩礁ですが、美保神社の飛び地境内になっています。沖の御前は宗像大社の沖津宮、地の御前はその中津宮に当たると言えます。いずれも岩礁で根は海底にあるので、もしも海水がないとすれば海底から大きな岩がそそり立っているわけで、海上の大イワクラと言えましょう。また、この両岩は、古来、海人たちの航海上の目印にもなってきたと思えます。いずれにしても、大切な神の島には違いありません。

なお、地の御前は地蔵崎からあまり離れていませんが、沖の御前は東方3000メートルの沖合にあります。その位置は国土地理院の5万分1の地形図に明示されています。

○関連地図は163頁に。

島根県

出雲国造《こくそう》と意宇《おう》郡

「意宇郡」

出雲は地理的には東部と西部に分けられます。このうち、西部には出雲大社が鎮座しているので、西部の方が歴史が古いと考えられやすいのですが、実は東部の方が早くから開けていたようです。東部の中でも、「意宇郡」は最も早く開けた地域で、祭祀上でも政治上でも最も重要な地域であったと思われます。『和名抄』にも「出雲国。国府在意宇郡。」と記されています。意宇郡に出雲の国府が置かれていたということです。

出雲の古代史については、多くの研究家によって、様々に説かれていますが、千家《せんげ》尊統《たかむね》氏の著『出雲大社』（学生社）は注目すべき書と思います。著者の千家尊統氏は、第八十二代の出雲国造《こくそう》で、国学院大学史学科で学ばれ、明治四十四年から昭和二十二年までの間、出雲大社の国造（一般に言う宮司）を務められた方です。この書の中に、次のような記事が載っています（要点）。
「出雲国造は、元から出雲大社の鎮座する杵築《きづき》の地にいたのではない。その本貫は出雲東部の意宇郡であり、そのころ出雲国造が祭っていたのは意宇川の川上の熊野の神であった。即ち、熊野の神を祭っていた出雲国造が杵築へ移転したものと思われる。その時期は平安初期ではなかろうか。

意宇川の川上に鎮座する熊野大社。出雲大社の国造《こくそう》の千家氏は、もともとは、この神社を祭っていたと考えられる。

では、意宇郡のどの辺りに住んでいたか。神名樋山《かむなびやま》として姿も美しい茶臼山の東南、今の松江市大草町の六所《ろくしょ》神社の一帯が国庁（国府）跡に推定されているが、出雲国造は元々はこの地の豪族であったと思われる。意宇川が熊野の山地から意宇の平野に出てきた、その渓口に当たるところが大庭《おおば》の地だが、この大庭こそ出雲国造の本

熊野大社の鑽火《さんか》殿。出雲国造の代替りの時、ここで火きり臼と火きり杵を受けとる。

貫の地であった。意宇川流域一帯に見るおびただしい古墳は、かつてのこの地域の豪族、とりわけ出雲国造とは深い関係にあるものに違いない。中でも国庁が置かれた周辺には、出雲国内でも特に大形古墳が多い。最大の墳丘を持つのは山代二子塚古墳（前方後方墳）である。」と。

以上を整理すると、次のようになります。

①出雲国造の本貫は意宇郡の大庭である。

②出雲国造は本来は意宇川の川上の熊野の神を祭っていた。

③出雲国造は平安初期に出雲大社の鎮座する杵築の地に移転した。

④出雲国造の本貫大庭からは神名樋山（茶臼山）がよく見える。

⑤大庭の地には出雲最大の山代二子塚古墳が築かれている。

以上から、意宇郡が古代出雲で最も重要な地であったことは明らかです。では、なぜ意宇郡が祭祀上・政治上で最も重要な地になったのでしょうか。その理由は、こ

意宇《おう》郡の中心に位置する茶臼山（国庁跡から見たもの）。

こに、「茶臼山」と「意宇川」の二つがあったからです。

茶臼山

先ず、「茶臼山」について述べます。同名の山は各地にありますが、いずれも聖なる山である場合が多いようです。今問題にしている茶臼山（高さ171メートル）は松江市の南に位置していますが、『出雲国風土記』（意宇郡）に、次のように記されています。

「神名樋山《かむなびやま》。郡家《こほりのみやけ》の正北《まきた》三里《さと》一百廿九歩《あし》なり。高さ八十丈《つゑ》、周《めぐ》り六里卅二歩なり。」と。

文中に見える「神名樋山」が茶臼山です。因みに、『出雲国風土記』の中で「カムナビ山」と呼ばれている山は、茶臼山以外にも、大船山（327メートル）・仏教山（366メートル）・朝日山（341メートル）の三山があります。これらはいずれも古代の人たちから神の宿る山として崇められていた聖なる山です。

何回か言ったように、「聖なる山を中心に据えて、その地域の古代史を考えてゆく」というのが私の方法です。この方法を意宇郡に応用すると、中心に据えるべき山は、ただひとつ、茶臼山をおいて他にありません。

以下に、茶臼山を聖なる山とする根拠を挙げておきます。

①前記の如く、『出雲国風土記』に「神名樋山《かむなびやま》」とある。

②山容が美しい。特に、西方から見ると円錐形で、神山としての条件を満たす。

③山頂に登ってみると、そこからは360度の眺望が可能。西方・北方・東方にかけては宍道湖・島根半島の山々・松江市街・中海などが一望できる。逆に考えれば、これら各地域から茶臼山を仰ぎ見ることができるということ。

④南麓に接して国府が置かれた。また、東麓には国分寺が設けられている。

⑤周囲に、古い神社・寺院、更に古墳が多い。特に出雲最大の前方後方墳で、出雲国造の墓とされる山代二子塚古墳は、茶臼山を意識して、その麓に接して築かれたと考えられる。これは、大和の三輪山と箸墓古墳の位置関係に似ている。

（追記）「八雲立つ風土記の丘資料館」で、「箸墓は三輪山を意識して、その麓に築かれたように思います。山代二子塚古墳の位置と茶臼山も関係があるとは考えられないでしょうか。」と筆者がお聞きしたところ、「大和ではそうかもしれないが、出雲にはそうした思想はない。」という答えでした。どうやら、資料館では茶臼山に中世の山城があったことだけを重視しておられる様子でした。それはまだしも、古代にあっては「大和と出雲で思想が大きく異なっていた」というのは疑問に思えました。

意宇《おう》川

次は「意宇川」です。意宇川は中海に注いでいますが、その川口に阿太加夜《あたかや》神社が鎮座しています。『出雲国風土記』にも載っている古い神社です。大きな神社ではありませんが、この神社は大きな意味を持つ神社と思えます。その理由は、『出雲国風土記』に、次のような記事が載っているからです。

「意宇《おう》と號《なづ》くる所以《ゆゑ》は、国引きましし八束水臣津野《やつかみづおみつの》命《みこと》詔《の》りたまひしく、『八雲立つ出雲の国は（中略）初国小さく作らせり。故《かれ》作り縫はな』と詔りたまひて、（中略）『今は、国引き訖《を》へつ』と詔りたまひて、意宇の社《もり》に御杖衝《つ》き立てて、『おゑ』と詔りたまひき。故、意宇といふ。謂はゆる意宇の社は、郡家の東北の邊《ほとり》、田の中にあるこやま、是《これ》なり。」と。

意宇川（写真は熊野大社の付近）。

右は有名な「国引き」神話の一部です。この神話は

『古事記』や『日本書紀』には出ていません。『出雲国風土記』だけに載っている神話です。

さて、この記事は意宇郡の冒頭に見えるもので、「意宇郡という郡名の起こり」についての説明がなされているわけですが、その答えは終わりの方に見える「おゑ」です。つまり、「八束水臣津野命」が、出雲が「初めは小さい国」であったのを「縫い合わせて」大きな国にしたのですが、国引きが完了した時、「意宇の社に杖を衝き立てて『おゑ』と言った」が、この「おゑ」が「意《お》宇《う》」になったと言っているわけです。岩波書店刊『風土記』の注には、次のように記されています。

「『おゑ』は『オワ』と同じで、神が活動を止める意。郡家は松江市山代町の茶臼山の南麓付近。『田の中にあるこやま』は阿太加夜《あたかや》神社の境内北部の小高い地に比定されている。」と。

以上から、阿太加夜神社の鎮座地は、出雲の古代史上、大切な意味を持つ地と考えられますが、地理的に見れば、ここは前記のように、意宇川の川口に当たります。ということは、ここは日本海から来た海人が中海を経て、意宇の地に最初に上陸する地点です。即ち、既に述べたように、古代出雲において、意宇郡は祭祀上でも政治上でも最も重要な地域ですが、その意宇郡に来る船が最初に取りつく場所が阿太加夜神社の鎮座地だということです。そして、この意宇川を遡れば、間もなく国府（跡）です。現地で見ると、意宇川は国府の直ぐ側を流れています。更に、少し遡れば熊野大社に着きます。意宇川は今の熊野大社の門前を流れています。

前に言ったように、第八十二代の出雲国造《こくそう》であった千家尊統《せんげたかむね》氏は、「出雲国造は、元から出雲大社の鎮座する杵築《きづき》の地にいたのではない。その本貫は出雲東部の意《お》宇《う》郡であり、そのころ出雲国造が祭っていたのは意宇川の川上の熊野の神であった。」と言っておられます。古代にあっては、水運が重要な交通手段でした。古代の出雲を考える場合、出雲大社の鎮座する西出雲も大切ですが、意宇郡（東出雲）も大切であり、その意宇郡を考える場合には、茶臼山と意宇川の二つが重要な意味を持っていると言えるのではないでしょうか。

島根県

出雲大社と八雲山

八雲山

出雲大社は大変有名な神社です。鎮座地は島根県（出雲市）の大社町杵築《きづき》です。この神社に関する注意点の第一は、神社の本殿の背後の「八雲山」が神体山であることです。「神体山は神社の背後方向にあることが多い」ということはこれまでに何回も述べました。出雲大社も、そうした目でご覧になれば、本殿背後の八雲山が神体山であることはすぐに分かります。

社務所でお聞きしたところでは八雲山は禁足地になっていて誰も入ることはできないとのことでした。第八十二代の出雲国造《こくそう》であった千家《せんげ》尊統《たかむね》氏の著『出雲大社』（学生社）にも、「大社背後の八雲山をかりに、三輪山のように大社の神体山とする時には…」とか「八雲山は大社では神聖な禁足地として、ここに登拝することは許されていない」などと記されています。八雲山は高い山ではありませんが、こんもりとした姿のいい山です。

素鵞社《そがのやしろ》

大社の本殿を真うしろ（素鵞社《そがのやしろ》）から見たもの。

注意点の第二は、大社の本殿の真後ろに鎮座している摂社の素鵞社です。前に「神社に行ったら社殿の後ろへ廻ってみてください。そこに何か大切なものがあるかもしれませんよ。」と言いました。出雲大社の場合は、八雲山があり、その麓にくっつくように摂社の素鵞社が鎮座しています。この神社の位置は極めて重要な場所です。大社の本殿と素鵞社と八雲山は一直線上にあります。もしかすると、本殿が建てられる以前から、既に八雲山の麓にあったのが素鵞社ではないかと、私は考えています。というのは、大社がここに建てられたのは、千家尊統氏の『出雲大社』にあるように、平安初期かもしれないからです（167頁）。即ち、八雲山は、それ以前から既に聖なる山として崇められていたはずですが、その当時に麓から八雲山を拝んでいた場所が素鵞社と考えられるわけです。八雲山は、その前面に出雲大社が建てられたために聖なる山として崇められるようになったのではなく、以前からの聖なる山であったが故に、その麓に出雲大社が建てられたということです。

更に、いまひとつ大切なのは、素鵞社の祭神がスサノオノミコトだということです。今は大社の祭神は大国主命ですが、それより古い神がスサノオノミコトです。千家尊統氏の著『出雲大社』にも、「本殿の背後、八雲山

出雲大社。中央奥に見えるのが本殿。背後のこんもりと木が茂っている山が「八雲山」で、大社の神体山。古来の禁足地《きんそくち》。

の麓にある素鵞社の祭神がスサノオノミコトである…」とか「スサノオノミコトはすぐれた農耕神であったのだ…」などとあります。スサノオノミコトは決して悪神ではなく、善神であり、出雲を開拓した人々が奉じていた最も古い神であったということです。更に、この神は、前にも言ったように（85頁）、新羅と深くつながっていると考えられることも、極めて重要です。なぜならば、それは「新羅からの渡来」ということと関わってくるからです。古代の出雲地域に、新羅から多くの人々が渡来してきたであろうことは、説明するまでもないことですが、そうした渡来人たちが奉じていたのがスサノオノミコトだったのではないでしょうか。

大社の本殿の真うしろに、八雲山の麓に接して素鵞社が鎮座。三者は一直線上にある。素鵞社は位置から見ても要注意の神社。

島根県

日御碕《ひのみさき》神社と経島《ふみしま》

日御碕神社

『神道大辞典』（臨川書店）には、日御碕神社について要旨次のように記されています。

「島根県簸川郡日御碕村日御碕（出雲市大社町日御碕）に鎮座。国幣小社。上下の二社があ

日御碕神社の下社。「日《ひ》沈宮《しずみのみや》」とも言う（服部和子氏撮影）。

山陰

り、上社は『神宮』と言い、下社は『日沈宮《ひしずみのみや》』とも言う。上社は天葺根命がその父神スサノオノミコトを祭ったもので、もとは隠岳に鎮座していたが、安寧天皇の時に今の社地に下ろしたと伝えられる。下社は、同じく天葺根命が三崎の文島《ふみしま》（今は経島と表記されているので、以下は経島）におられた時、天照大神が『この島に降臨する』と言われたのを祭ったものである。村上天皇の時、経島から遷座して陸地に社殿を営んだのが今の下社である。下社のことを『日沈宮』とも呼ぶのは、経島が遠く西方の海に沈む夕日を拝むのに最適の位置にある故である。宮司の小野氏は天葺根命の子孫で、九十余代（私が直接お聞きしたところでは九十八代）連綿として奉仕し、現在に至っている。なお、この神社は『風土記』には『美佐伎《みさき》社』、『延喜式』には『御碕神社』と見えている。」と。

経島《ふみしま》は巨大なイワクラ

日御碕神社に関する注意点は、なんと言っても、前記の経島です。この島は、一般にはウミネコの繁殖地と

経島《ふみしま》。独立した島。全島が巨大な岩で、大イワクラと考えられる。年に一度、宮司がこの島に渡り、写真に見える鳥居（↓印）から西に沈む太陽を拝む。島は禁足地で誰もあがることは許されない。一般にはウミネコの繁殖地として有名。

して有名ですが、「経島は巨大なイワクラ」と考えられます。その証拠は、島全体がとてつもない巨岩であることです。更に大切なのは、前記のように、「天照大神が『この島に降臨する。』」と言われたことです。つまり、この島は島そのものがイワクラであり、島そのものが御神体だということです。今の下社は「村上天皇の時に経島から遷座して陸地に社殿を営んだ」ということですから、経島は下社の「元宮」と言えます。社務所におられた神職さん（多分宮司さん）から次のようにお聞きしました。

「経島には誰も上がることはできない定めです。神の島だからです。毎年の八月七日、宮司だけが経島（巨岩）に上がって夕日を拝みます。陸から少し離れているので、舟で渡り、岩を這い上がるわけです。梯子が要ります。夕日を拝む場所は、岩上の鳥居の所（写真矢印）です。」と。

日御碕神社にあって、人工的な造営物（社殿など）を頭の中で除去してみれば、後に残るのは経島です。初め、そこに祭られていた神を後世にお移ししたのが今の社殿です。経島は日御碕神社における神祭りの根本に関わる存在と言えましょう。

西方から日本海の海岸伝いにやって来た船は、必ず日御碕（経島）に突き当たります。そして、ここから海岸線は急に折れ曲がって北に向かいます。ということは、日御碕（経島）の位置は西方（西に沈む太陽）を拝むのに最適の位置にあることになります。「日沈宮」と言われる所以です。

（追記）私が経島を撮影していた時、同行の福田好彦氏から、次のような質問を受けました。「あの島そのものが巨大なイワクラではないでしょうか。」と。私はぎょっとしました。それまで数多くのイワクラをみたことがありましたが、この島そのものがイワクラとは気付いていなかったからです。

○関連地図は１７５頁に。

島根県

物部《もののべ》神社

物部神社

『神道大辞典』（臨川書店）や『神社』（近藤出版社）などには、要旨次のように記されています。

「物部神社は、島根県安濃郡川合村大字川合字八百山《やおやま》（大田市川合町川合）に鎮座。祭神は、物部氏の祖饒速《にぎはや》日《ひ》命の御子宇麻志麻遅《うましまじ》命。伝えによれば、神武天皇の時、中原は既に平定したが、辺境は未だ定まらず、ために宇麻志麻遅命は尾張・美濃を経て越国《こしのくに》に入り、更に石《いわ》見《み》国を鎮められた。命はこの地で亡くなったので八百山に葬られた。継体天皇の時、社殿を建てて命を祭ったのが物部神社である。延喜式制定に際して式内社に列し、その後、石見国の一の宮として崇められた。宮司は古くより命の後裔という金子氏が勤め、明治に及んだ。神社の背後に祭神の陵がある。」と。

物部神社正面。石見国の一の宮。背後の八百山《やおやま》の古墳は祭神の墓と伝えられている。

神社の背後の山に古墳

この神社での注意点は、前記の神社の背後の山の祭神の陵（お墓）です。これは古墳です。宮司さん（中田氏）のお話では、円墳（前期古墳・竪穴式石室）で、この点は考古学上はっきりしているとのことです。古墳は低い山上にあり、神社から数分で登れるくらいの距離です。神社では、この古墳を崇め、毎年宮司さんを先頭に大勢で登詣しておられます。これを「暁天祭《ぎょうてんさい》」と言い、毎年の例祭の前夜明けに行われています。ここで大切なのは、この祭が「夜明け」に行われている点です。近頃は人間の都合で神社の祭典は昼間に行われる場合が多いのですが、「暗闇」の中で行われるのが古来の正しい神祭りの姿です。伊勢神宮の「御遷宮祭」も暗闇の中で執行されています。この点から見ても、「暁天祭」は余程重要な祭りと思われます。

この古墳（八百山古墳）は物部神社の御神体と考えられます。その根拠は以下の三点です。①古墳が神社の背後の山上にあること。②古墳は祭神のお墓と伝えられていること。③古墳の祭祀が今も厳重に続けられていること。

神社背後の山中の八百山《やおやま》古墳。前期の円墳。物部神社の御神体と考えられる。（吉岡孝司氏撮影）

（追記）物部神社の近くに三瓶《さんべ》山があります。この山は『風土記』には「佐比売《さひめ》山」の名で出てきます。国引き（神話）の柱となった山として有名です。「三瓶」とは「三つの瓶《かめ》」で、その一つが物部神社の摂社の一瓶《いっぺい》社に祭られています。だが、宮司さんのお話では、物部神社と三瓶山は特には関係がないとのことでした。

山陰

広島県

尾道の千光寺

玉の岩

観音霊場にはイワクラがあることが多いようです。中国観音霊場会刊『中国観音霊場』には、広島県尾道市の大宝山千光寺に関して、要旨次の如き記事が載せられています。

「本堂の前に玉の岩という巨岩がある。この岩の頂に径14センチ、深さ17センチの穴があり、この穴は光りを放つ宝石があった跡だと伝えられている。この山を大宝山と言い、寺名を千光寺と言い、尾道の港を玉の浦と言ったのも、この岩に関わるこうした伝承に因るものとされている。」と。

結論から言えば、「玉の岩」は山麓に鎮座している艮《うしとら》神社のイワクラと思えます。その理由は、玉の岩の真上をロープウェーが通っていますが、そのロープの下方は艮神社の真上を通っているからです。別の見方をすれば、艮神社から山を見上げると真上に玉の岩があるわけで、こうした両者の位置関係から考えて、玉の岩を艮神社のイワクラ（奥宮）として間違いないと思えます。

艮神社の傍らのイワクラ

尾道港を根拠としていた海人《かいじん》たち

千光寺本堂前の巨岩「玉の岩」。山麓からもよく見える。古い頃のイワクラと考えられる。

は、玉の岩をイワクラ（神の座）として崇めていましたが、平常は麓から玉の岩に向かって祭りを行っていたはずです。その祭りの場所に設けられたのが今の艮神社と思えますが、神社の本殿のすぐ傍らに巨岩があり、しめ縄が張られています。したがって、社殿のなかった時期には、この巨岩をイワクラとして玉の岩に向かって祭りが行われていたものと考えられます。麓の巨岩は「辺ツイワクラ」、玉の岩は「奥ツイワクラ」と言えましょう。

千光寺の山麓に鎮座する艮《うしとら》神社。千光寺へのロープウェーは、ここから発する。つまり、神社の真上に千光寺（玉の岩）が位置しているということ。そして、写真に見るように社殿の左手にはしめ縄のかけられた巨岩があるが、この岩は山麓のイワクラと考えられる。

　その後、尾道に観音信仰が入ってきた時、換言すれば、そこに観音信仰を持った人たち（海人たち）がやって来た時、彼らがその信仰の場としたのが山の崖《がけ》に面した玉の岩でした。というのは、仏典には「観音は山の崖に突き出た岩の上におられる。」と記されているからです。そうした観点からすると、玉の岩は恰好の観音の居所でした。それに、この岩は以前からイワクラとして崇められてきた聖なる岩です。最初は、この巨岩の上に直接観音像が安置されたことでしょう。そして、そのうちに、そこに寺の堂宇が整えられてきたと思われます。やがて玉の岩は観音との関係においてのみ人々に意識されるようになり、麓の艮神社のイワクラであったことは忘れられていったものと考えられます。

（追記）一般に海人は観音を信仰することが多いようです。

広島県

厳島《いつくしま》神社の主神

厳島神社の主神

厳島神社は広島県の宮島に鎮座する安芸国の一の宮です。この神社の主神は、九州の宗像《むなかた》大社（204頁）に祭る三女神と同じです。社伝によれば、三女神は鎮座地を求めてここかしこを遍歴された後、安芸国佐伯郡の佐伯鞍職《くらもと》から厳島を譲り受けて、この島に鎮まられたと言いま

摂社の大元《おおもと》神社。佐伯鞍職《さえきのくらもと》を「地主神」として祭る。

す。ということは、今の主神は九州北部から来られた神で、もとから厳島におられた神ではありません。つまり、「外来神」（114頁）です。一方、厳島神社の摂社の大元《おおもと》神社には前記の佐伯鞍職を「地主神」として祭っています。以上から厳島の「本来の主神」は佐伯氏の祖神（佐伯鞍職）であったと考えられます。

主神以外の神

一般に、神社の祭神のうちで最も重要なのは「主神」ですが、大きな神社では主神以外にも様々な神を祭っています。そうした神々は「相殿《あいどの》の神」・「地主神」・「摂社や末社の神」・「元宮や奥宮の神」などとして祭られていますが、歴史の古い神社に参った時は、このような主神以外の神にも留意して頂きたいと思います。というのは、例えば、今は地主神として祭られている神が、かつては主神であったというような場合があるからです。

佐伯氏

『和名抄』に「安芸国佐伯郡」とありますが、ここは「佐伯氏」の居住地とされています。佐伯氏は『日本書紀』・『新撰姓氏録《しんせんしょうじろく》』などにも名の見える名族で、国造でもあったようです。更に、鎌倉初期の古文書によると、当時の厳島神社の社家の代表は佐伯氏でした。つまり、佐伯氏はこの地域の政治権・祭祀権の両方を握っていたということです。加えるに、佐伯氏は「佐伯郡」という地名を背負っている氏族ですから、古来の土着の有力者として間違いありません。

更に大切なのは、佐伯氏は海人《かいじん》と考えられることです。その証拠は、『和名抄』に「佐伯郡海郷《あまごう》」と見えていることです。「海郷」は海人の居住地ですが、この郷は厳島の対岸近くの廿日市《はつかいち》の辺りに比定されています。ここには江戸時代には海駅が設けられていました。このように見てくると、佐伯氏は「海郷」を本拠として瀬戸内海に勢力を張っていた海人集団の統率者であったと推測されます。そして、この海人集団の守護神として崇めていた神の宿る山が、「海郷」からもよく見える厳島という聖なる島でした。即ち、厳島という島そのものを御神体として崇めていたのであり、この島は「海上に

対岸から見た厳島。「海上に浮んだ神体山」である。（写真は厳島神社社務所提供）。

浮かんだ神体山」であったわけです。

その後、大和朝廷が朝鮮半島に進出するようになると、北部九州の宗像の海人を重んじたため、その勢力は次第に拡大して瀬戸内海にも入ってきましたが、それにつれて宗像の海人の守護神（三女神）が瀬戸内各地で祭られるようになっていったものと思えます。厳島に宗像の三女神が祭られるようになったのも、このような事情によるものとして間違いないでしょう。「三女神は鎮座地を求めてここかしこを遍歴された後、安芸国佐伯郡の佐伯鞍職から厳島を譲り受け、ここに鎮まられた」と言う社伝（前記）の内容は、以上のような史実を伝えている可能性が大きいと言えましょう。

厳島の対岸の廿日市市の「地御前《じごぜん》」。一帯は『和名抄』にいう「安芸国佐伯郡」で「佐伯氏」の居住地。佐伯氏は厳島の神を守護していた。毎年、管絃祭でにぎわう。

（追記1）廿日市市の「地御前《じごぜん》」という所に厳島神社の外宮《げぐう》が祭られています。古くは、厳島は聖なる神の島という理由で、神職さんも島には居住せず、廿日市の外宮に住み、ここから船で厳島へ通っていたと言いますが、この神職さんとは佐伯氏のことと考えられます。（追記2）厳島の最高所は御山《みせん》の山頂（530メートル）で、そこに御山神社が鎮座しています。厳島の神が御降臨になった旧跡とされ、麓の厳島神社の奥宮と言われています。ここに「頂上石」がありますが、この岩はイワクラでしょう。厳島神社は聖なる御山を麓から拝むための遙拝所と見ることができます。

山頂に求聞持堂《ぐもんじ》があり、虚空蔵菩薩が祭られています。弘法大師がここで求聞持法を修され、千日間続けて護摩を焚かれましたが、その護摩火は今も茶釜火として燃え続けています。大師が求聞持法を修された山は、伊勢の朝熊山（147頁）など、いずれも聖なる山（霊山）が多いようです。

香川県

田村神社の奥殿《おくでん》

田村神社

田村神社は、香川県高松市一宮町に鎮座。讃岐国の一の宮です。『延喜式神名帳』には「讃岐国香川郡田村神社。名神大。」とあります。

御神体は泉

この神社で注意をひくのは、聖なる泉を御神体としていることです。神社発行の御由緒書には、次のように記されています（要旨）。

「神社の社殿は、拝殿・幣殿《へいでん》・本殿の三殿からなるのが普通であるが、当社は本殿の奥に更に奥殿があって、その奥殿の床下は深淵（泉）となり、その上に神座が設けられるという神社建築上からも全く特異な造りになっている。この神座の床下の深淵に関しては、古くより数々の神秘な伝承がある。例えば、明暦元年三月の社殿改築の際、普請奉行が是非その深淵を見たいと申し出て、神官が止むなく見せたところ、たちまち水が逆巻上り、中から神龍が出現して奉行を睨んだが、彼は帰宅して急死したという。また、普請が半ば進んだ時、大工が深淵の中に鑿《のみ》を落としたところ、水中から神龍の角《つの》が出て、それに鑿が掛けられていたが、大工が恐れて足で取ろうとしたため水中に引き込まれたとも言う。この深淵がある故に、当社は定水《さだみず》大明神と呼ばれている。」と。

宮司さんのお話では、「自分もその水を見たことはな

田村神社拝殿。讃岐《さぬき》国の一の宮。

い。」とのことでした。だが、浅い井戸ではないかと思えます。というのは、水が外部に流れ出ている形跡が全くないからです。

左（高い社殿）が「本殿」、右手前が「奥殿《おくでん》」。奥殿の真下の泉が、御神体。写真は背後から見たもの。

本殿の奥に更に「奥殿」があり、その真下が神秘な水だということは、田村神社も、前に述べた貴船神社の奥宮（１０４頁）などと同じく、水そのものを御神体としていると考えて間違いありません。

汲まなくなると枯渇する

田村神社の泉も貴船神社の泉もそうですが、昔は綺麗な清水がこんこんと湧いていたのですが、真上に社殿が設けられたため、水が汲めなくなりました。そうなると、水が湧かなくなり、遂には枯渇してしまうようになります。前に述べた大阪の四天王寺の金堂《こんどう》の真下にある「白石玉出の水」（68頁）や琵琶湖畔の日吉大社の摂社樹《じゅ》下《げ》神社の真下の泉（１１５頁）も同じように思えます。

（追記）田村神社に接して、四国八十八ケ所の札所一《いっ》宮《きゅう》寺があります。また、近くの石清尾山《いわせお》には、積石塚古墳として著名な猫塚古墳などが築かれています。「積石塚」というのは、墳丘の中まで石で築かれている珍しい古墳で、これは墳丘の表面に石を並べた「葺石《ふきいし》」とは別のものです。

香川県

城山《きやま》と城山神社

城山

城山は香川県坂出市の南部に位置し、高さは462メートル、付近では一番高い山です。山頂からは瀬戸内海が大変よく見えます。因みに、飯野山《いいの》（讃岐富士）は421メートル、五色台の白峰山は336メートルです。また、この山は古代の山城が築かれていることでも知られています。

城山《きやま》神社は、城山の東麓（坂出市府中町本村）に鎮座する「式内社」（名神大）です。社伝によれば、祭神は景行天皇

城山《きやま》神社。香川県坂出市の南部の城山《きやま》の東麓に鎮座。境内から城山の山頂がよく見える。城山を神体山としたものと考えられる。

の皇子の神櫛分命《かんぐしわけのみこと》です。この命は讃岐国の国造で、城山の麓に住居していたのを、没後祭ったのが城山神社の起こりと言います。後、菅原道真が讃岐の国司の時、城山の山頂で雨乞いをしましたが、その場所は山頂に近い「明神ヶ原」（別名「蛸《たこ》の頭」）で、そこには巨岩があり、イワクラではないかと言われています。

城山の山頂に近い「明神ヶ原」の巨岩。菅原道真が雨乞いをしたのはここであろう。この岩はイワクラで、麓の城山神社の奥宮と思われる。

古代の讃岐国の中心

城山・城山神社に関する注意点の第一は、今では香川県（昔の讃岐国）の政治・文化の中心は県東部の高松市の付近ですが、古代にあっては県西部の坂出市の付近（城山の山麓一帯）が政治・文化の中心であったことです。その証拠に国府や国分寺などもこちらにありました。そして、その中心に位置していたのが聖なる城山であったわけです。

朝鮮式山城

注意点の第二は、城山には古代の山城が築かれていることです。『日本書紀』には名が見えませんが、大きなスケールを持った山城です。岡山の鬼ノ城《きのじょう》もそうですが、山城が築かれているところは古代の政治的要地に近いはずです。鬼ノ城は古代吉備の中心地域の背後にありますが、城山も古代讃岐の中心地域の背後に築かれたものと言えます。

城山神社

注意点の第三は、城山の東麓に鎮座している城山神社から城山の山頂がよく見えることです。即ち、神社の背

南西から見た城山。山頂近くに朝鮮式山城遺構が残っている（中西公司氏撮影）。

後に城山があるわけで、この神社が城山を神体山としていることは明白です。そして、前記の「明神ヶ原」の巨岩はイワクラであり、そこは城山神社の奥宮と言えます。また、そこで菅原道真が雨乞いをしたと言いますが、雨乞いは聖なる山で行う場合が多いので、話が合います。

「アヤ」

注意点の第四は、この地域が古代には「讃岐国阿野郡」であったことです。「阿野」は「アヤ」と発音されていました。この「アヤ」が要注意です。今も付近には「綾川」が流れていますし、「綾歌郡」などの地名も見られます。「アヤ」は「漢（アヤ）」と考えられます。「漢（アヤ）人」は百済からの渡来人とも言われます。そうだとすれば、この一帯には百済からの渡来人が住んでいたということになります。故に、古くから開けていたわけで、ここに山城が築かれたことや、あるいは、国府や国分寺などがあったことも頷けます。因みに吉備の鬼ノ城の付近は古代の「賀陽郡《かや》」ですが、ここは朝鮮半島南部の「カヤ」地域からの渡来人が居住した所と考えられます。

以上を整理すると、城山の麓一帯はおそらくは百済からの渡来人が集中的に住居した地域であり、城山は彼らの守護神を祭る聖なる山であり、その故にこの山に山城が築かれたものと考えられます。大きく見れば、讃岐の古代史は城山を中心に展開されたと言えましょう。

（追記）「アヤ」は朝鮮半島南部の「カヤ」に関係が深

いとする学説、或いはまた中国からの渡来に関係があるとする学説もあるようです。

香川県

讃《さ》留《る》霊《れ》王《おう》神社

左手の社殿が本殿。人物の背後が古墳。本殿の背後の扉を開いて、古墳（被葬者）を拝むようになっている。

讃留霊王神社は香川県綾歌郡飯山町下法軍寺日吉の丘に鎮座し、祭神は「建貝児《たけかいこ》王」とされています。

「建貝児王」について、『日本書紀』景行天皇五十一年条に、大略、次のように記されています。

「日本武尊《やまとたけるのみこと》の妃の吉備穴《きびのあな》

讃留霊王神社から見た讃岐富士。ちょうど真北に当たる。聖なる山を拝んでいた聖なる丘に始祖王を神として葬ったのではないだろうか。

戸《との》武《たけ》媛《ひめ》が生んだ武卵王《たけかひごのみこ》は、讃岐の綾《あやの》君《きみ》の始祖である。」と。『古事記』の景行天皇の段にも、「建《たけ》貝《かひ》児《この》王《みこ》は讃岐の綾君の祖。」とあります。以上から、祭神は「タケカイコ」という人で、この人が「讃岐国の統治者『綾（アヤ）の君』の始祖であったことが分かります。

なお、彼の母は吉備の女性なので、吉備と讃岐の関係が推測できるかもしれません。

また、「綾（アヤ）」氏は渡来系の可能性が濃厚ですが、このことについては、前回の「城山と城山神社」で述べました。

次に注意すべきは、神社の背後に接して築かれている前方後円墳です。これは、言うまでもなく、初めに古墳があり、後に古墳に接して神社が設けられたということです。しかも、本殿の背後に扉が設けられていて、祭日には扉を開いて古墳の被葬者（御神体）を拝むしきたりになっています。私は、あちこちで、古墳を祭っている神社を見ましたが、この神社ほど古墳を祭っていることが明白な形を採っている神社は知りません。古墳を拝むために社殿の背後に扉が設けられている点、実際に被葬者を神として拝む神事が毎年行われている点など、実に驚くべき神社と言えます。

次の注意点は、真北に讃岐富士が見えることです。しかも、近くに、実に綺麗に見えるので、どうしても、神社と讃岐富士の関係を考えたくなってきます。おそらくは、ずっと古くから共同体の人たちが聖なる山（讃岐富士）を遙拝していた聖なる丘（前記の日吉の丘）に、その地域の始祖王を祭る「おくつき」（前方後円墳）が築かれたのではないでしょうか。勿論、始祖王自身も生前はこの丘から讃岐富士を遙拝していたと思われます。そして、後世、古墳の被葬者を拝むための神社が設けられたということになります。

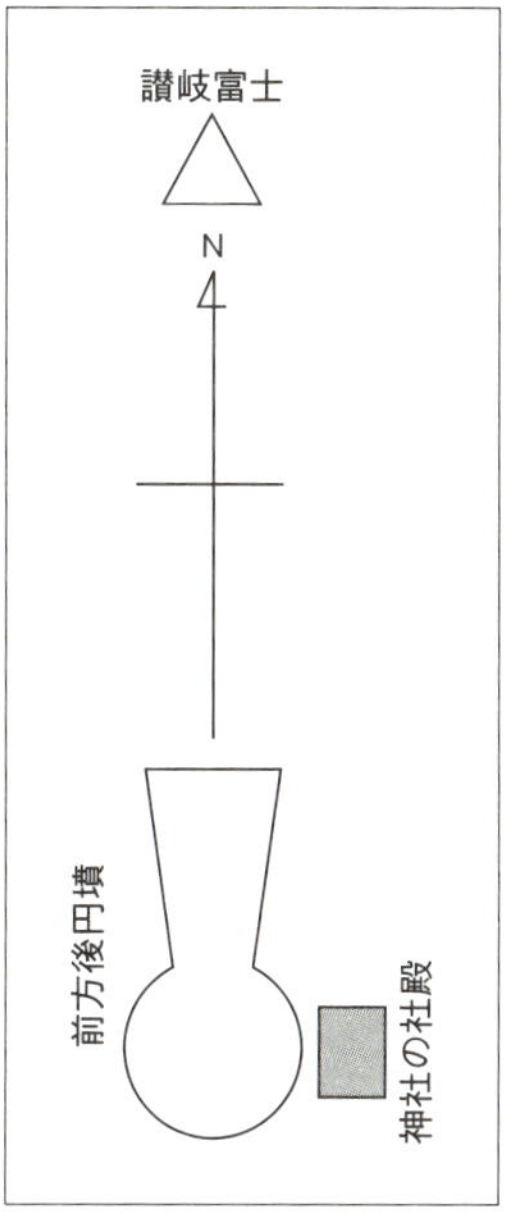

讃留霊王神社・前方後円墳・讃岐富士の方位関係に注意。

（追記）讃留霊王神社が古墳を祭っていることを私に教えて下さったのは、中川ひでみ氏です。また、この神社のお世話人の代表は、桑島和茂氏です。

○**関連地図は191頁に。**

愛媛県

大三島の大山祇《おおやまづみ》神社

大山祇神社

この神社は伊予国の一の宮で、愛媛県（今治市）大三島町宮浦、換言すれば、瀬戸内海のほぼ中央の大三島に鎮座しています。主神は、大山積《おおやまづみ》神です。境内には天然記念物の樟の原生林が茂っています。また、立派な甲冑や刀剣を所蔵することでも知られて

大山祇《おおやまづみ》神社の正面参道。

四国

います。近頃は「しまなみ海道」が通じたので、訪れる観光客も増えつつあるようです。

樟が多い（天然記念物）。

鷲《わし》ケ《が》頭山《とうせん》

大山祇神社に関する注意点の第一は、神社の背後に位置する鷲ケ頭山が本社の神体山と考えられることです。高さは437メートルで、古名を神野《こうや》山《さん》と言います。室町時代に描かれたという大山祇神社古図には、鷲ケ頭山を中心に、向かって右に安神山、左に小見山の三山が並んでいますが、神社境内には本社を中心に上津社・下津社の三社殿が並んでいるので、鷲ケ頭山が本社の、安神山が上津社の、小見山が下津社の神体山と考えることも可能かもしれません。鷲ケ頭山の山頂には、明らかに人工と思える石積みがありますが、ここは山頂の祭祀場であると同時に、大三島を本拠とした古代の海人が沖を通る船を監

大三島で最高（437m）の鷲《わし》ヶ《が》頭山《とうせん》。大山祇神社の神体山。神社から冬至の日の出線上にある。写真は神社の背後付近から撮影したもの。

視していた見はり台であり、或いは狼煙《のろし》台であったかもしれません。

冬至の日の出を拝む

鷲ヶ頭山の山頂からの眺め。中央の町が大三島の港。その奥に大山祇神社が鎮座している。

注意点の第二は、鷲ケ頭山は本社から見て冬至の日の出線上にあることです。これは、ずっと古くから聖なる鷲ケ頭山に昇る冬至の太陽を拝んでいた場所に設けられたのが大山祇神社の本社だということです。

大祝《おおほうり》

注意点の第三は、この神社には「大祝」と呼ばれる神職さんがいたことです。これは「生き神さま」で、「小千《おち》」氏の世襲だったようです。「小千」は「越智」で、四国の伊予国「越智《おち》郡」に本拠を構えていた有力者であり、同時に海人の大首長であったと考えられます。大祝は今治市鳥生《とうり》に住んで、年に一度、大三島の神が今治市へ渡御《とぎょ》しておられました。なお、現在の宮司さんは「三島」氏です。この氏族も地名を背負った古い由緒を持った海人の大首長です。

その他注意すべきものには、島の入口に位置する御《み》串《くし》山、その麓に鎮座する摂社阿奈波《あなば》神社、本社の背後に鎮座する末社姫子邑《ひめこむら》神社、本社の背後方向にある玉澄《たまずみ》公（初代大祝の父に当たる人）の腰掛け石などがあります。

なお、「大祝」で有名なのは信濃国の諏訪《すわ》大社ですが、後に述べます（237頁）。

徳島県

焼《しょう》山《ざん》寺

焼山寺

焼山寺は、徳島県名西郡神山町下分にあり、弘法大師が開かれた四国八十八箇所の札所です。八十八箇所の中には昔から「遍路ころがし」といわれるほどの険しい山中にある寺がいくつかありますが、焼山寺はその一つです。ここは海抜800メートルですが、今はクルマで行くことができます。

お寺発行の御由緒書には、要旨次のように記されています。

「昔、この山に大蛇が住み、火を吐いて人々に危害を加えてい

焼山寺の山門。八十八箇所の札所。険しい山中にある。

た。弘法大師が登られた時も全山火の海であった。大師が真言を唱えながら登られると火は消えたが、九合目の岩窟から大蛇が現れ、大師に向かってきた。その時、まぶしいばかりの光と共に虚空蔵菩薩が現れ、大師は大蛇を岩窟に封じこめられた。そして、三面大黒天を刻んで岩窟の上に安置して護摩を修された。更に、虚空蔵菩薩像を刻まれ、これを御本尊として寺を建て、火の山にちなんで『焼山寺』と命名されたが、火の恐れがあるので、山号を『摩盧《まろ》山』と付けられた。『摩盧』とは梵語で水輪の意味である。寺から約一キロ登ると奥の院（山頂。海抜960メートル）に達するが、その途中に大師が大蛇を封じこめられた岩窟がある。」と。

焼山寺は山寺

焼山寺に関する注意点の第一は、焼山寺は典型的な山寺だということです。ご承知のように、飛鳥・白鳳から奈良時代にかけての寺の多くが平地部に建てられたのに対して、平安時代に入ると寺は山中に建てられるようになりました。その代表は比叡山や高野山です。こうした観点からすると、四国八十八箇所の札所の中にも平地部にある寺がかなりの数あります。弘法大師が建てられた寺は必ず山中になければならないというつもりはありませんが、焼山寺が海抜800メートルの山中に建てられている点は大切なことです。なぜならば、このことは、一歩進めて言えば、焼山寺は間違いなく弘法大師が創建された寺と考えてよいことになるからです。

御本尊は虚空蔵菩薩

注意点の第二は、御本尊が虚空蔵菩薩であることです。というのは、弘法大師は非常に虚空蔵菩薩を重んじられたから

焼山寺本堂。御本尊が虚空蔵菩薩である点が要注意。

です。特に、この菩薩を御本尊として修する「求聞持《ぐもんじ》法」が大事です。大師の青年時代の著『三教指帰《さんごうしいき》』には、次のように記されています。

「一人の沙門《しゃもん》あり。余《われ》に虚空蔵聞持の法を呈《しめ》す。その経に説はく。もし人、法によってこの真言を一百万遍を誦すれば、即ち一切の教法の文義暗記することを得。（中略）阿国《あこく》大瀧岳にのぼりよじ、土州《どしゅう》室戸崎に勤念《ごんねん》す。谷響きを惜しまず、明星来影《みょうじょうらいえい》す。云々。」と。

これから見ると、お若い頃の大師が虚空蔵求聞持法を修されたこと、及び、阿波の大瀧山や土佐の室戸崎で修行されたことなどが分かります。なお、阿波の太龍寺《たいりゅうじ》も、室戸の最御崎寺《ほつみさきじ》も四国八十八箇所の札所です。これら二寺については、次回以降で述べます。

大事なのは、太龍寺と最御崎寺の御本尊が、いずれも虚空蔵菩薩だということです。八十八箇所の札所の中で虚空蔵菩薩を御本尊にしているのは、これら二寺以外では、焼山寺だけです。つまり、八十八の寺の中で、三寺だけが虚空蔵菩薩を御本尊にしているということです。前記のように、弘法大師は、虚空蔵菩薩を崇められ、求聞持法を重んじられました。虚空蔵菩薩を御本尊にしている寺、あるいは、「ここで大師が求聞持法を修された」という言い伝えのある寺は要注意です。焼山寺は八十八箇所の中でも、極めて大切な霊場と言えましょう。

徳島県

阿波の太龍寺《たいりゅうじ》

太龍寺本堂。御本尊が虚空蔵菩薩である点は要注意。

太龍寺

太龍寺は、徳島県阿南市加茂町龍山にあり、第二十一番の札所で、古来「西の高野」とも呼ばれています。前回にお話しした焼山寺と同様、険しい山中（標高600メートル）にあり、八十八箇所の中でも難所の一つとされています。お寺発行の御由緒書には，要旨次のように記されています。

「延暦十二年（793年）、十九歳の弘法大師が太龍嶽（舎心嶽）で、百日間にわたり虚空蔵求聞持法《ぐもんじほう》を修されたことは、大師が二十四歳の時に著された『三教《さんごう》指帰《しいき》』の中に明記されています。即ち、太龍寺と室戸岬は、青年時代の

奥深い山中にある。お若い頃の弘法大師がここで修行された。今はロープウェーで登れる。

大師の思想形成に重要な役割を果たした修行地であることがうかがわれます。境内は樹齢数百年を算する巨杉・大檜に覆われ、本堂のほかに大師堂・求聞持堂など多数の堂塔が点在し、四国霊場の中でも群を抜く壮大なスケールを誇っています。」と。

（追記1）テレビでご覧になった方も多いかと思いますが、今は那賀郡鷲敷《わじき》町田野から西日本最長のロープウェーが山頂まで通じています。

（追記2）太龍寺の近くの阿南市若杉山に、弥生時代に辰砂（硫化水銀）、つまり「朱」を採掘した跡があり、「若杉山遺跡」と名付けられています。弘法大師が「朱」の産地を重視されたという学説があることを考え合わせると、この遺跡が太龍寺に近いことは興味をひきます。

○関連地図は198頁に。

高知県

土佐の最御崎寺《ほつみさきじ》

最御崎寺《ほつみさきじ》。室戸岬にある。ここからは太平洋を広く見渡すことができる。お若い頃の弘法大師がここで修行された。御本尊は虚空蔵菩薩（服部和子氏撮影）。

最御崎寺

最御崎寺は高知県室戸市室戸岬町にあり、四国八十八箇所の第二十四番の札所です。前に述べたように、大師がお若い頃に、ここで虚空蔵聞持

の法を修されたことは『三《さん》教指帰《ごうしいき》』に明らかです。なお、この寺の御本尊は大師が自ら刻まれた虚空蔵菩薩です。

明星《みょうじょう》

ところで、『三教指帰』には、「室戸崎に勤念す。谷響き惜しまず、明星来影す。」とありました。注意を要するのは「明星来影す」の部分です。これは「明星が現れた」という意味に解されます。「明星」は、御承知のように金星で、夜明けに東の空に大きく輝いて見えますが、この場合は「明《あけ》の明星」とか「あかぼし」と呼ばれています。日没後に西の空に輝いて見える時は「宵《よい》の明星」とか「ゆうずつ」と呼ばれています。『弘法大師』（河出書房新書）に載せられている金岡秀友氏の「空海の謎の部分」と題する論文の中に、次のような記事があります。

「虚空蔵菩薩の求聞持法《ぐもんじほう》を修する場所としては、東西南の三方の晴れた所を最上とし、場合によっては東だけでもよい。道場の東壁に小窓を作る。これは虚空蔵菩薩の仮現である明星の光を道場に差し入れるためである。あるいは朝日・夕日の光を本尊に当てる義ともいわれる。」と。

右文中に見える「虚空蔵菩薩の仮現である明星」の

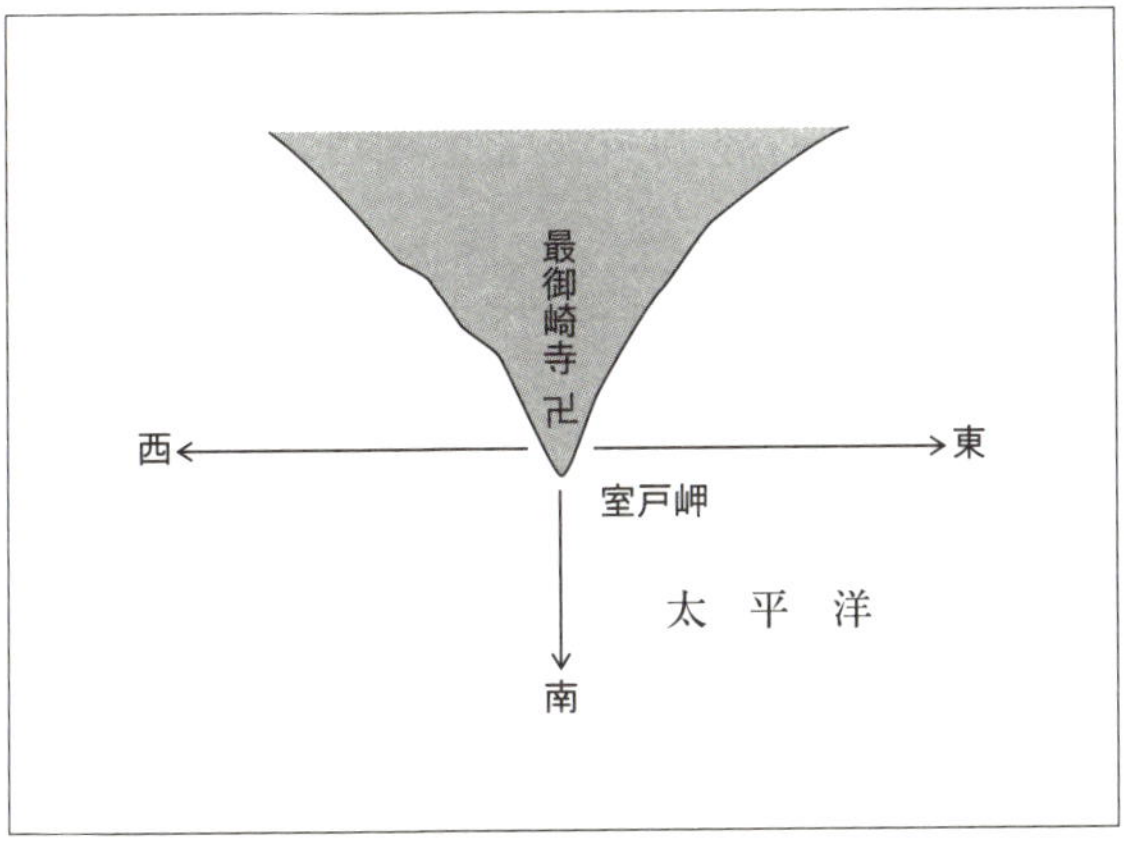

室戸岬ほど東西南をひろく見渡せるところはめったにない。虚空蔵の求聞持法を修するのに最適の場所。

部分は大切です。つまり、「明星が現れた」ということは、虚空蔵菩薩が感応されたということ、即ち、虚空蔵菩薩がお姿を現されたということにほかならないからです。したがって「明星」は虚空蔵求聞持法において極めて重要な意味を持っている星です。

室戸岬で修法中の大師は、毎朝のように東天に輝く「明星」を、続いて太平洋から昇ってくる太陽を拝まれ、あるいは毎夕のように太平洋に沈んでゆく夕日を、続いて西天に輝く「明星」を拝まれたものと推測されます。

（追記1）弘法大師が伊勢の朝熊《あさま》山に建てられた金剛証寺にも明星堂があります（149頁参照）。

（追記2）『三教指帰《さんごうしいき》』は、前記のように、弘法大師が著された本ですが、「三教」（三つの宗教）とは何々でしょうか。それは、仏教・儒教・道教《どうきょう》の三つです。大師は、この本の中で、三教を比較して、仏教が最も優れていると結論されるわけですが、注意すべきは、これからすると、当時のわが国における代表的な宗教は仏教・儒教・道教の三者であったと考えられることです。三教の中に神道が入っていないで、そこに道教が入っていることとは、何だか不思議に思えます。だが、大師の頃の日本において、道教が大きな存在であったことは動かし難いことのようです。

既に本書では道教について述べたことがあります。例えば、「四天王寺の原点」（66頁）での「七星剣」、或いは「宇倍神社の亀金岡」（154頁）での「尸解《しかい》」や「不老長生」などです。今は深入りはさけますが、考古学でいう「三角縁神獣鏡」も道教の鏡かもしれません。更に、「四方拝」とか、私たちが神社や寺院で頂く「お守り」なども道教に関係が深いようです。

道教は中国の大宗教です。したがって、古代の日本に道教が伝わったのは確かですが、それはいつ頃来たのか、どんな影響を及ぼしたのか、記紀などにはどのように記されているかなど、道教の研究は古代史の学習には大変大切なことではないかと、私は思っている次第です。

○関連地図は198頁に。

九州

福岡県

宗像《むなかた》大社

宗像大社（本社）の本殿。

宗像大社

宗像大社の辺津宮《へつみや》は福岡県宗像郡玄界町田島（宗像市田島）に鎮座していますが、中《なか》津宮《つみや》は大島に、沖津宮《おきつみや》は沖ノ島に鎮座していて、辺津宮・中津宮・沖津宮の三社を総称して宗像大社と呼んでいます。これらの三社の祭神は、『古事記』と『日本書紀』で違いがありますが、今では、辺津宮は市杵島《いちきしま》姫神を、中津宮は湍津《たぎつ》姫神を、沖津宮は田心《たごり》姫神を祭っています。いずれも女神である点が注目されます。一般に海人の守護神は女神である場合が多いようです。

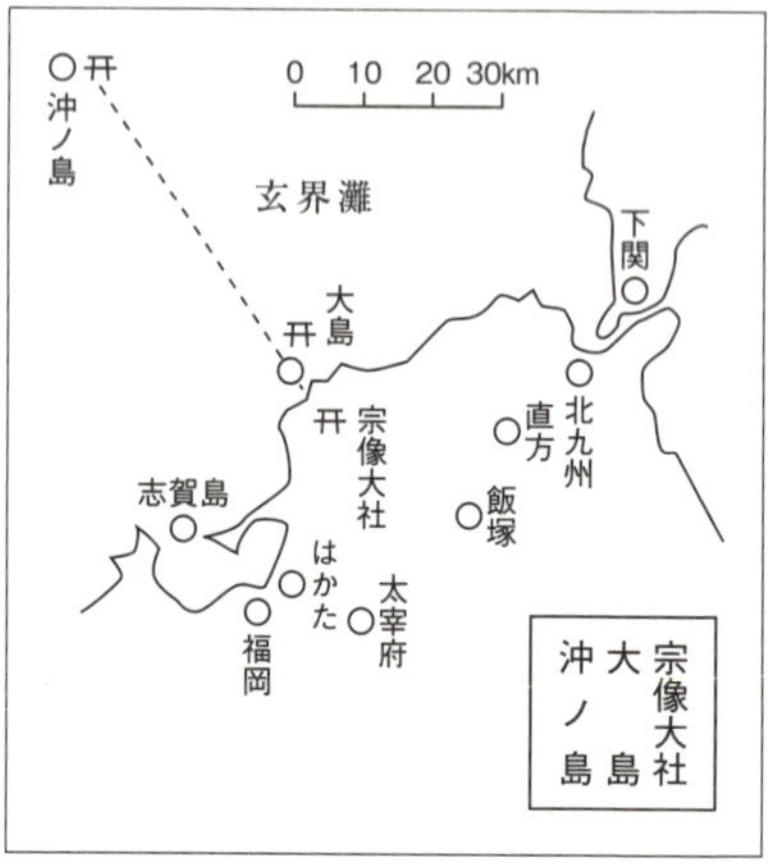

大和朝廷の朝鮮半島進出に当たって宗像の海人が活躍したことは有名です。その場合、沖津宮が祭られている沖ノ島は、九州と朝鮮半島を結ぶ玄界灘のほぼ中央に位置している関係から特に重視されたようです。この島からは鏡・勾玉などを始め約十二万点にのぼる貴重な宝物が見つかっていますが、これらの宝物は海上交通の安全を祈るために神に供えたものとされています。そして、これら宝物の質が高い点、およびその量も大きいことから、その祭祀には大和政権が関わったものと考えら

沖津《おきつ》宮が鎮座する沖ノ島。玄界灘の孤島。古代に大和朝廷により海路の安全を祈願して祭祀が行われた。今も聖なる島。周囲約４キロ。毎年この島から新しい神威を持った神を本社にお迎えしている（写真は宗像大社社務所提供）。

れています。

今も女性はこの島に渡れませんし、男性も一般には上陸することが許されていません。つまり、島全体が禁足地で、古代以来の聖なる神の島です。

なお、多くの貴重な宝物が出たため、沖ノ島は「海の正倉院」と呼ばれています。

沖津宮

宗像大社に関する注意点は、何と言っても沖ノ島における古代祭祀です。本社（辺津宮）の境内に設けられた神宝館には島から出た数々の遺物が展示されていますが、三角縁神獣鏡や勾玉をはじめ、古墳の副葬品と見紛うような遺物が多く見られます。ところで、大和の飛鳥寺は法隆寺よりも古い寺ですが、この寺の塔の心柱の下にも古墳の副葬品と同じような宝物が埋納されていました。以上から、神祭り・古墳・寺院の三者における祭祀のあり方には共通した思想があったと考えられますが、その理由を明らかにすることは今後の研究課題です。

宗像大社は、前記のように、沖津宮・中津宮・辺津宮の三社から成り立っていますが、社殿が最も大きくて立派なのは言うまでもなく辺津宮で、一般に宗像大社にお参りするというのは辺津宮にお参りすることです。即ち、辺津宮が本社であり、沖津宮はその奥宮です。そして、中津宮は両者の中間にあります。だが、本質的に重要なのは沖津宮であることは言うまでもありません。なぜならば、沖津宮の鎮座する沖ノ島は、島であって山ではありませんが、大和の大神《おおみわ》神社が三輪山を拝んでいるのと同様、宗像大社の辺津宮（本社）は沖ノ島という聖なる島を拝む神社だからです。換言すれば、大神神社が三輪山の遙拝所であるのと同じく、宗像大社の本社は沖ノ島の遙拝所だということです。大神神社の御神体が三輪山であるのと同じく、「宗像大社の御神体は沖ノ島」だということです。

高宮《たかみや》

「高宮」は本社（辺津宮）の背後の山腹にありますが、社殿はなく、周囲を石で囲んだ壇が設けられています。ここは宗像の神の御降臨地と伝えられていて、昔はここ

「高宮」。本社背後の山の中腹にある。社殿はない。宗像大神降臨の地といわれ、今も一日・十五日の月次祭《つきなみ》や春秋の大祭には本社にさきがけて、ここで祭祀が行われる。

で神祭りが行われていました。ということは、高宮は元宮であり、まだ社殿のなかった古代の宗像大社の辺津宮（本社）そのものであったと言えます。そして、こうした古代の祭場の姿が今に伝えられていることは、宗像大社の歴史の古さの証《あかし》でもあるわけです。

高宮から山を下る時、大事なことに気づきました。それは海が見えることです。今の本社は平地にあるので、そこからは海は見えません。これに対して、高宮は山の中腹にあるので、海を見ることができます。宗像の神は海人の神です。そうした観点からも、高宮から海が見えることには大切な意味があると思います。瀬戸内海沿岸地域に築かれた古墳には、海人の首長を埋葬したものが多いようですが、こうした古墳からは海が見えます。典型的な例は兵庫県の垂水《たるみ》の五色塚古墳で、この古墳からは明石海峡を眼下に見ることができます。もしも宗像の海人の神祭りの場から海が見えないとすれば、理解に苦しむことになるでしょう。

秋季大祭

宗像大社で毎年行われる秋季大祭の概要は、以下のようなものです。

①先ず、九月の中頃の吉日に、沖ノ島に鎮座する沖津宮の神を舟にお乗せして大島に鎮座する中津宮にお迎えします。この神事は神社だけで行われます。

②次いで、十月一日、今度は大島の中津宮から沖津宮の神と中津宮の神を舟にお乗せして、田島に鎮座する辺津宮（本社）にお迎えします。この神事には宗像七浦の漁船が総出でお供をする関係で、色とりどりの旗や幟で飾られた大船団の海上神幸《しんこう》となり、実に壮観なものです。この様子を写真やテレビで見られた方も多いと思います。

③続いて同月の三日まで、翁舞・風俗舞・浦安舞などが奉納され、流鏑馬・相撲などと数々の行事が賑やかに行われます。

以上が秋季大祭の概要です。そして、神社発行の説明書には、「秋季大祭は国家の平穏を祈願し、五穀の豊穣と大漁に感謝する祭りである。」と説明されています。

みあれ神事

だが、私は、秋季大祭の最重要点は「みあれ神事」にあると考えています。前に、京都の上賀茂神社や下鴨神社の時に言いました（91頁・94頁）が、「みあれ」は「御生」、或いは「御阿礼」などと表記され、神の「誕生」を意味します。神は、一年経つと力が衰えるので、年毎に新しい力を持った神をお迎えする必要があるのです。そのための神事が「みあれ神事」にほかなりません。

では、宗像大社の場合、前記の秋季大祭の①・②・③の中のどの部分が「みあれ神事」なのでしょうか。言うまでもなく、③は「みあれ神事」には関係がありません。それはイベントとでもいうべきものです。最も重要なのは①です。そして、①によって中津宮までお迎えしていた神を、今度は②の形で本社（辺津宮）にお迎えするわけです。③の数々の行事を伴ったいわゆる「秋季大祭」は、沖ノ島から来られた新しい神をお迎えする意味で（神の「みあれ」を祝う意味で）行われるというのであれば、それはそれでうなずけることと言えましょう。

大分県

宇佐神宮と御許山《おもとさん》

宇佐神宮（宇佐八幡宮）。わが国の八幡宮の総本社。

御許山

宇佐神宮は大分県宇佐市に鎮座。豊前国の一の宮です。『八幡宇佐宮弥《み》勒《ろく》寺建立縁起』（844年）によれば、欽明天皇二十九年に豊前国宇佐郡の馬城《まきの》峰《みね》に八幡神が降臨され、その後、現在の宇佐神宮の社地に遷られたといいます。馬城峰は一般に御許山と呼ばれていますが、この山が宇佐神宮の神体山で、高さは約650メートル。実に堂々とした姿の山で、宇佐平野のどこからでも遥拝することができます。古代の人たちも毎日この聖なる山を眺めながら暮らしていたものと推測されます。

宇佐神宮境内の井戸（泉）。「おかじ場」と呼ばれる聖所で、井戸は三つある。

御許山に登ると、九合めに広場があり、そこに社殿がありますが、これは拝殿であって本殿はありません。拝殿だけで本殿のない形は、大和の大神《おおみわ》神社と同じです。拝殿の正面の奥に石鳥居があり、鳥居には「奥宮」と

御許山《おもとさん》。宇佐神宮の神体山。高さ約650メートル。山頂近くに奥宮がある。本社は写真左方の麓に。

刻した石製の額が掲げられています。鳥居の背後上方を

御許山の九合めに鎮座する宇佐神宮の「奥宮」の石鳥居。鳥居背後の上方にイワクラがあるが、そこは禁足地。

見上げると、三、四〇メートルくらいで山頂です。その辺りにイワクラがあることは一般に知られていますが、この石鳥居から上は禁足地になっているので登れません。私も鳥居の手前からイワクラと思われる辺りを拝みました。宇佐神宮に詣でる人は本社で拝むのが普通で、奥宮まで登る人はめったにないようですが、宮司さんは毎年正装で登詣しておられるそうです。これからして、今でも奥宮が大事にされていること、換言すれば、御許山が重視されていることが分かります。

以上のような次第で、御許山は宇佐神宮の信仰の原点であり、前記のように宇佐神宮の神体山と言えます。更に言えば、大神神社の御神体が三輪山そのものである

ように、御許山という山が宇佐神宮の御神体です。したがって、宇佐神宮の本質に迫るには、宇佐神宮の社殿にではなく、御許山に目を向けねばなりません。

（追記）宇佐神宮は応神天皇・比売《ひめ》神・神功皇后の三神を祭っていること、および、この中の「比売神」は普通名詞であるので、古くから地元の人たちが祭ってきた神（水の神・山の神）と考えられること、応神天皇や神功皇后は後に入ってきた権力的な神であり、「外来神」ともいうべき神であることなどについては、ずっと前に、「春日の比売神」の項（45頁）で述べました。

御澄池《みすみいけ》（三角池《みすみ》）

宇佐神宮の御神体は、「薦枕《こもまくら》」です。この枕は、中津市に鎮座する薦《こも》神社の境内の御澄池に生える薦で作られました。そうしたわけで、今も薦神社は池を御神体として祭っています。池が御神体というのは大変珍しい例です。新しくでき上がった枕を古い枕と取り替える神事を「行幸会《ぎょうこうえ》」と呼び、この神事は宇佐神宮における最大の特殊神事でした。

以上から、御澄池と宇佐神宮は極めて関係が深いことが分かります。

別府大学の伊藤勇人氏は『薦社覚書』の中で、「宇佐八幡神が官社八幡宮へと発展した契機は養老四年の隼人の平定にあったが、その時、御澄池に生えている薦で作った枕を神験として神輿に奉じ、日向・大隅へと出向いたことを考えれば、八幡信

薦《こも》神社の神門。境内に「御澄《みすみ》池」がある。

「薦神社」と刻した石柱。いかに「薦」が重視されているかがわかる。

九州

大分県中津市の御澄池《みすみいけ》。宇佐神宮とは 20 キロ離れているが、神宮のご神体「薦枕」はなぜかこの池に生える薦で作られた。池そのものが御神体。

仰の起点が御澄池にあることは否定しがたい。」と述べておられます。

私も訪れてみましたが、中々大きな池で、前記のように、池の傍らに薦神社が鎮座していました。禰宜の池永孝生氏（池永氏は古くからの社家）は、「薦神社は御澄池そのものをお祀りしたものです。」と話されました。池の岸に立つ石鳥居には「内宮」の額が掲げられ、この鳥居を通して池を拝むようになっています。昔は鳥居の正面に見える島の周辺に生える薦で宇佐神宮の御神体を作ったのでした。今も薦が生えています。

宇佐神宮の宮司

御澄池（薦神社）と宇佐神宮との関係の二つめは、古くは薦神社の宮司が宇佐神宮の大宮司になっていたことです。薦神社発行『真薦第一号』には、要旨次のような記事が載せられています。

「『御薦社司相続系図』（薦神社代々の宮司名が記されている系図）の最初に、『公池守』という人がいるが、注意すべきは、この人名の横に『宇佐大宮司』と記されていることである。即ち、『池守』という人は薦神社の初代の宮司だが、同時に宇佐宮の大宮司、それも、宇佐姓で初代の宇佐大宮司に任じられた人であったらしい。加えるに、この人が御澄池にいたという伝承は『八幡宇佐宮御託宣集』などに散見される。」と。

更に、『御薦社司相続系図』には、「池守」の次の宮司

「式佐」の横には「宇佐権大宮司」とあり、次の「文世」の横にも「宇佐権大宮司」、次の「佐雄」の横には「宇佐大宮司」、次の「眷頬」の横にも「宇佐大宮司」などと記されています。そして、以下何代にもわたって、似たような記事が続いています。してみると、御澄池（薦神社）と宇佐神宮の深い結びつきは「池守」の時だけでなく、かなりの期間続いていたことが分かります。

冬至の日の出線

薦神社（御澄池）は中津市にあり、宇佐神宮は宇佐市にあって、両者間の距離は約20キロで、かなり離れています。では、両者の間には、なぜ、前記のような深い結びつきがあったのでしょうか。これは謎です。

結論から言えば、この謎を解く鍵は御許山にあります。御澄池と宇佐神宮（社殿）の関係をいくら考えてみても謎は解けません。御澄池と御許山との関係を考えるのが大事だということですが、その関係とは、「御澄池からの冬至の日の出線が御許山にいく。」ということです。換言すれば、「冬至の日に人が御澄池の畔に立てば、御許山に昇る朝日を拝むことができる。」ということです。私も御澄池の近くから見てみましたが、御許山をはっきり見ることができました。

以下に、私の推測を述べておきます。

秀麗な姿の御許山は、宇佐地域に住んでいた古代の人たちから聖なる山として崇められていました。中でも、御澄池地域の共同体の人たちは、この山から昇る冬至の太陽を拝んでいました。その後、この地域に有力者が現れました。前に言った「池守」の祖先がそれですが、次第に宇佐地域に勢力を拡げてゆき、御許山の祭祀権を握るに至りました。時が経ち、「池守」の頃、朝廷が隼人を征討しましたが、宇佐地域の人たちも征討軍として参加しました（正しくは、参加させられました）。その時、征討軍は宇佐神（薦枕）を奉じたのです。隼人征討が成功した時、朝廷は宇佐神を権力の下に組み込みました。一地方の神が国家的な神になったのです。立派な社殿が造られ、「池守」は初代の大宮司になったのでした。

佐賀県

吉《よし》野《の》ヶ《が》里《り》

冊子『吉野ヶ里遺跡』

２００２年の初夏、私は吉野ヶ里を訪れました。はじめに、同年２月発行の冊子『吉野ヶ里遺跡』（佐賀県教育委員会編集）から、いくつかの説明文を抜き書きしてみます（意味が変わらない範囲で、不必要な部分は省略）。

①「吉野ヶ里集落では、中期（前２世紀後半から後１世紀前半）には、墳丘墓が出現する。」

復元された「かめ棺」。

②「後期（後1世紀前半から3世紀後半）になると、40㌶以上の大きな環濠集落へと発展した。」
③「後期後半から終末期（後2世紀から3世紀後半）には、特別な空間である北内郭が出現する。その中の大型建物は、平面が一辺12・5メートルのほぼ正方形で、径40センチから50センチの16本の柱があったと推定される。建物の中軸線の延長が墳丘墓に向かっており、墳丘墓を意識して建てられたものと考えられる。」
④「大型建物が墳丘墓の南に軸線を揃えて存在すること（祖霊祭祀）、更にA字型環濠の中軸線が冬至の日没と夏至の日の出の方向と一致すること（天的祭祀）などの祭祀的性格から、北内郭は吉野ヶ里集落のみならず周辺の集落群を含んだ地域社会（国）の祭事・政事の中枢である宮殿とも表現できるような最も重要な空間だったようである。」

復元された望楼。

北内郭と墳丘墓

以上から、「北内郭」が冊子『吉野ヶ里遺跡』の編集者たちから非常に注目されていることが分かります。それも、政治的な面よりも、「祭祀」的な面で重視されているように思えます。では、果たして「北内郭」は「祭祀」に関わる場所だったのでしょうか。以下、その点にしぼって検証してみたいと思います。

先ず、問題と思えるのは、抜き書き③に見える「大型建物の中軸線の延長が墳丘墓に向かっているから、この建物は墳丘墓を意識して建てられたものと考えられる。」という部分です。なぜ問題なのかと言えば、墳丘墓と大型建物とでは、築造された時期が全く違うからです。墳

吉野ケ里遺跡の墳丘墓（中央に丘のように見える）。

丘墓の時期に関しては、抜き書き①に、「前

むこう中央に見えるのが北内郭の中心の大型建物「大祭殿（復元）」。

2世紀後半から後1世紀前半には、墳丘墓が出現する。」とあります。大型建物の時期に関しては、抜き書き③に、「後2世紀から3世紀後半には、北内郭が出現する。」とありますが、北内郭の中心が大型建物ですから、それが建てられたのも「後2世紀から3世紀後半」ということになります。したがって、墳丘墓が造られた時期と大型建物が建てられた時期は、いくら短く見ても、100年以上隔たっているはずです。にもかかわらず、冊子『吉野ヶ里遺跡』は「大型建物は墳丘墓を意識して建てられた。」と言っているのです。古代史でいう時の100年は短いように感じますが、やはり相当長い年数です。墳丘墓と同時期か、墳丘墓が造られて間もない時期に大型建

物が建てられているのならば、「大型建物は墳丘墓を意識して建てられた」とすることも可能かもしれません。だが、少なくとも100年、もしかすると150年か200年を経た後に大型建物が建てられたとすれば、墳丘墓との関係を云々するのは、いささか無理ではないでしょうか。

大型建物の中軸線

冊子『吉野ヶ里遺跡』からの抜き書き③に見える「大型建物の中軸線の延長が墳丘墓に向かっている。」という記事も理解に苦しむところです。同書掲載の略地図には、大型建物と墳丘墓を結んだ線が示されていますが、この線は南北にはなっていません。

加えるに、大型建物を中心にした北内郭は、二重の濠で囲まれているので墳丘墓とは隔絶された別個の空間になっています。もしも「祖霊祭祀」というように、大型建物が墳丘墓の祭祀と密接なつながりを持つものならば、両者の間に濠が無いのが自然であり、むしろ、そこには両者を結ぶ「通路」が設けられていてもおかしくはないと思われます。抜き書き④の「祖霊祭祀」という推測はかなり苦しいといえましょう。

冬至の日没と夏至の日の出

次は、抜き書き④に見える「A字型環濠の中軸線が冬至の日没と夏至の日の出の方向と一致すること（天的祭祀）」の部分です。冬至や夏至の日の出線や日の入り線は、私も非常に重視しています。だが、例えば、冬至の日の出線を考える時には、どこから太陽が昇るかが大切です。一歩進めて言えば、冬至の太陽がどの山から昇るかが問題ですが、そうした山は聖なる山である場合がほとんどです。私は、北内郭のA字型環濠で国土地理院の5万分の1地形図を広げ、その上に磁石をあてて「冬至の日没と夏至の日の出の方向」を定め、その先にどんな山があるかを求めてみました。だが、聖なる山どころか、山そのものが見当たりませんでした。この地域の聖なる山と言えば金立山《きんりゅうざん》でしょうが、前記の線とは全く無関係でした。「天的祭祀」という言葉そのものは何か重みを感じさせますが、中身が伴わなければ何の意味も価値もありません。

「祭壇？」

冊子『吉野ヶ里遺跡』掲載の略地図には、環濠集落のずっと南に「祭壇？」とただし書きのある方形のマウンドが記入されています。事務所の方のお話によると、このマウンドがずっと北に位置している墳丘墓と大型建物を結んだ線上にあることが「祭壇」かもしれないとする根拠になっているそうです。そして、いま一つの根拠は、ここから鳥の骨が入った甕《かめ》が一つ出たことです。だが、これだけの理由で、このマウンドを祭壇かもしれないとするのは、危険だと思います。

「大祭殿」

冊子『吉野ヶ里遺跡』の主張の基底には、「北内郭は祭祀に関わる場所である」という考え（仮説）が最初から横たわっているように思えます。北内郭の「大型建物」は現地では「大祭殿」と説明されていました。「大神殿」と言えば、その「中に神を祀る建物」になるので、「中で祭祀を行う建物」という意味で「大祭殿」という言葉を用いたのかなあと、私は勝手な解釈をした次第です。さすがに、冊子『吉野ヶ里遺跡』では一貫して「大型建物」を用いています。それがよいと思います。正直に言って、復元もやり過ぎのように感じました。『広辞苑』には、「復元」とは「もとにかえすこと」と記されています。「もと」のものが不明な場合は、何もしない方がよいと思います。例えば、大型建物（大祭殿）の周囲は板張りになっています。仮に、建物の中で祭祀を行うとして、加えるに、その祭祀が冊子『吉野ヶ里遺跡』の言うように墳丘墓に向かっての「祖霊祭祀」であったとしても、板張りでは墳丘墓は見えません。巫女さんが中でおこもりでもしていたのでしょうか。

（追記）京都大学に考古学教室を創設された浜田耕作氏は、「発掘は遺跡の破壊である。」と学生に教えられたと聞いています。発掘の成果を正確に後世に伝えることが大切です。そうした観点からすると「復元」は実にむずかしいものと思います。

鹿児島県

鹿児島神宮の祭神

鹿児島神宮

鹿児島神宮は鹿児島県始良《あいら》郡隼人《はやと》町宮内（霧島市）に鎮座しています。祭神は彦穂穂出見尊《ひこほほでみのみこと》とその妻豊玉比売《とよたまひめ》命《みこと》、および応神天皇などです。彦穂穂出見尊は記紀に見える「海幸《うみさち》・山幸《やまさち》」の物語の主人公（山幸）です。大隅国の一の宮で、昔は大隅正八幡宮《おおすみしょうはちまんぐう》とも呼ばれていました。

鹿児島湾の一番奥

この神社での注意点の第一は、神社の鎮座地（隼人町）が鹿児島湾の一番奥にあることです。ということは、南方から来て鹿児島湾に入ってきた船の最終到着地点だということです。換言すれば、海人によって南方からもたらされた文物の集約的な陸揚げ地点、及び南方からの渡来人の最終的な上陸地点であったということ

鹿児島神宮。大隅国の一の宮。大隅正八幡宮とも呼ばれた。鎮座地（隼人町）は近くに国府がおかれ、古代の政治の中心。

です。ここが、そうした要地であった証拠の一つとして、近くの国分市に国府が置かれていました。だが、国府は朝廷の出先機関です。おそらくは、この神社の辺りは国府が置かれる以前から、既に政治的な要地、在地の有力者（隼人の大首長）の大本拠であったと思われます。そうだとすれば、古代は「祭政一致」でしたから、当時既に隼人の大首長が祭っていた神社があり、それが後に鹿児島神宮になっていったものと推測されます。故に、本来の祭神は隼人の大首長の祖と考えるのが妥当ですが、祭神の豊玉比売命は、記紀によれば海人の女性です。海人の守護神には女神が多いようです。故に、記紀に見えるような神名（豊玉比売命）かどうかは別にして、今の鹿児島神宮の元々の祭神は女神、具体的に言えば巫女的大首長であり、それも海人の大首長ではなかったかと推測されます。記紀や『続日本紀』にも、隼人地域にはかなりの数の巫女的首長がいたことが記されています。

神宮の近くの資料館に展示されている「隼人の盾」（模型）。平城京跡の井戸から出土。文様の意味は謎である。

石体《せきたい》神社

鹿児島神宮に関する注意点の第二は摂社の「石体神社」です。この神社は、本社から少し離れていますが、鹿児島神宮発祥の地と伝えられていて、「元宮」です。つまり、元々は石体神社が鹿児島神宮そのものであったということです。ところで、この神社の御神体は神社

鹿児島神宮の摂社「石体神社」。神宮の元宮。御神体の岩は社殿の下（地下）にある。

名が示すように「石」、即ち「イワクラ」です。残念ながら、この御神体石は社殿の下にあって見ることはできませんが、社務所の方や古老のお話によれば、社殿の中には下に降りる梯子があり、それを降りてゆくと御神体石があるとのことです。ということは、この石は地下にあるわけです。今も、神職さんは地下に降りて行って祭りを行っておられるそうです。では、地下の石がどうして御神体になったのかと言えば、元は地上にあったのですが、ある時、上方の山から土砂が流れてきて石が埋没したのだそうです。ですから、元は地上にあったわけです。

先に、「古代は祭政一致であったので、在地の有力者（隼人の大首長）が祭っていた神社が後に鹿児島神宮になっていったものと推測される」と言いましたが、その当時の祭祀場は今の石体神社（イワクラ）を中心とするものであったはずです。

八幡宮《はちまんぐう》の本家

鹿児島神宮に関する注意点の第三は、八幡宮の本家は、もしかすると「大隅正八幡宮」とも呼ばれた鹿児島神宮かもしれないことです。古代史研究家の多くは、「北部九州から南九州へ」という立場、即ち、大和朝廷

の勢力が北から南へ進出していったという史観に基づいて、九州の古代を考えておられます。この考えは大局的には正しいと思いますが、全てをそれで解釈しようとすると、過ちを犯す場合もあるのではないでしょうか。例えば、記紀によれば、神武天皇の東征の方向は「南九州から北部九州へ」というものです。この時、天皇に協力していたのは隼人の海人集団に違いありませんが、その最初の寄港地が宇佐です。ところが、宇佐では戦いのあった様子は無く、天皇軍は歓待されたと記されているので、宇佐には以前から隼人の海人が進出していた可能性が考えられます（追記参照）。また、応神天皇も南九州から北部九州へ進出した可能性があります。東京大学におられた井上光貞氏も、その著『日本国家の起源』（岩波新書）の中で、応神天皇は元は南九州の豪族であったとして論説を展開しておられます。

社殿の中のイワクラ

イワクラは、石の大小や形は別にして、ほとんどは露天にあります。イワクラを覆うように社殿を設けた例としては、備中吉備津宮境内にある「岩山宮」を挙げることができます。この神社は、名のように石（イワクラ）が御神体ですが、その石は社殿の中にあるので、見ることはできません。社記によれば、祭神は「吉備の中山《なかやま》」の「地主神」とされています。「吉備の中山」は、古代吉備第一の聖なる山であり、吉備津宮の神体山です。岩山宮は、その「地主神」ですから、極めて重要な意味を持った神社と言えます。しかも、御神体が石（イワクラ）ですから、古代の神祭りの姿を今に伝えているものと言えます。ともあれ、社殿の中にあるイワクラは珍しいものです。吉備津宮に参詣された時は岩山宮にもお参りになってください。

岩山宮の詳細については拙著『吉備の中山と古代吉備』（吉備人出版）参照。

（追記）宇佐には早くから隼人の海人の進出していたとする私見については、拙著『古代日本と海人』（大和書房）を参照して頂ければ幸いです。

鹿児島県

枚聞《ひらきき》神社と開聞《かいもん》岳

枚聞神社

枚聞神社は鹿児島県揖宿《いぶすき》郡開聞町に鎮座しています。『延喜式神名帳』には「枚聞神社」とありますが、『三代実録』には「開聞《ひらきき》神」と表記されています。神社は開聞岳（924メートル）の麓にあり、祭神は枚聞《ひらきき》神です。

薩摩半島南端の枚聞神社。背後の開聞岳が御神体。薩摩国の一の宮。

九州

古来、薩摩国の一の宮として崇められてきました。

開聞岳《かいもんがたけ》

枚聞神社に関する注意点の第一は、人が社殿に向かって立つと本殿のちょうど真上に開聞岳の山頂を仰ぐことができることです。即ち、この神社の神体山が開聞岳であることは明らかで、神社は開聞岳の麓に設けられた遙拝所と言えます。この山は「薩摩富士」とも呼ばれ、実に秀麗な山容をしていて、古代人でなくても拝む気持ちになってくるような聖なる山です。山頂には奥宮（御岳神社）が設けられていますが、そこからは、北には桜島や霧島山、南には大隅の連山・佐多岬をはじめ、種子島・屋久島・硫黄島を望むことができます。ということは、逆に言えば、以上の各地から開聞岳を仰ぎ見ることができるということです。古代の南九州地域に住んだ人たちが、この山を日々仰ぎ眺めながら生活していた姿が想像されます。

海人の神

開聞《かいもん》岳。「薩摩富士」と呼ばれる。古代以来、海人《かいじん》（航海業者）の目当てとされてきた。

注意点の第二は、枚聞神は航海安全の神として海人の信仰が厚いことです。これは、開聞岳が古代以来、航海の目当てとされていたことの証です。特に、南方からやって来る船は開聞岳を目当てとして進路を定めていたようです。この山は火山で、独立峰です。しかも、海上から直接突起しているので、誰の目にも「あれが開聞岳だ。」ということがすぐ分かります。この山が海人から崇められる神、航海安全の神となったのも当然のことと言えましょう。

鑑真和上《がんじん》

奈良時代に来朝した鑑真和上は、『唐大和上東征伝』によれば、揚子江下流から出発し、沖縄島・屋久島を経て、薩摩半島の秋目に入港されたようですが、唐招提寺発行の『過海大師東征伝』には、要旨次のような記事が載っています。「(天平勝宝五年)十二月十八日、益救《やく》より発す。十九日、風雨大いに発し、四方を知らず。午時、浪上に山頂を見る。二十日乙酉の午時、第二舟、薩摩国阿多郡秋妻屋浦に著《つ》く。」と。

文中の「第二舟」は鑑真が乗っていた船です。「益救」は屋久島ですが、この島を出た後、風雨が激しくなって四方が見えなくなった時、「浪上に山頂を見る」とあります。その翌日に「秋妻屋浦(秋目《あきめ》)」に到着しているので、この山は開聞岳と考えて間違いないと思います。開聞岳が当時から航海の目当てになっていたことが分かります。

○関連地図は223頁に。

鹿児島県

野《の》間《まが》岳《たけ》と笠《かさ》沙《さの》岬

野間岳の遠望（中央に突起）。

野間岳

野間神社は、鹿児島県川辺郡笠沙町、具体的に言えば、町の北西部を占める野間半島の最高峰「野間岳」の中腹に鎮座しています。

野間神社はさほど著名な神社ではありませんが、この神社は野間岳という聖なる山の遥拝所です。換言すれば、野間神社の神体山は野間岳だということです。したがって、野間神社（社殿）よりも、野間岳（神体山）が重要です。この山は高さ591メートルで、円錐形の美しい姿をしています。平野部から見て「あれが野間岳」ということがすぐに分かります。山頂には立派なイワクラがありますが、鹿児島国体の聖火はこのイワクラのところで採ったのだそうです。その岩には、「ここで国体の聖火を採った」という意味を刻んだ銅板が嵌められています。今でもこの山が聖なる山として崇められていることが分かります。

野間岳の山頂のイワクラ。鹿児島国体の聖火はここで採った。

対馬海流

野間岳のすぐ西側を対馬海流が北上しています。山頂のイワクラから眼下の海を見下ろすと、左方向から右方向へ、ゆっくりと海流が流れているのがはっきり分かります。この流れを見た時、私は、「古代も同じように流れていたのだなあ」という深い感慨に浸ると共に、遙か南方からやって来た古代の舟の姿が目に浮かんでくるように思えました。記紀には、天皇の祖ニニギノミコトは高天原《たかまがはら》から高千穂に降り、それから「笠沙岬《かささのみさき》」に来たと記されています。だが、人が天から降りて来ると考えるのは無理で、周りを海で囲まれた日本列島に来るには海上を舟で来たとするのが妥当ですから、「ニニギノミコトの本当の到着点は笠沙岬」と推測されます。ところが、野間岳は笠沙町にあります。では、ニニギノミコトの出発地点はどこかと言えば、揚子江の下流地域（江南）ではないかと思います。前に述べたように、奈良時代に来朝された鑑真《がんじん》和上は、揚子江下流から出港し、沖縄島・屋久島を経て、薩摩半島の秋目に入港しておられます。おそらくは、ニニギノミコトの渡来コースもこれに近いものではなかったかと思われます（追記参照）。今でも、中国の難民船は、対馬海流に乗ってこれに似たコースでやって来ます。

野間岳の山頂から見下した笠沙岬《かささのみさき》。この沖を対馬海流が、写真左から右へ、ゆっくりと流れている（223頁の地図参照）。

　鎖国中に揚子江下流地域から長崎を目指す中国船は対馬海流に乗って来ていましたが、野間岳が見えると、船上で爆竹を鳴らすなどしてお祝いをしたそうです。無事に日本に来たぞという意味です。そして、船上から野間岳を遙拝したそうです。野間岳が海人の目当てになっていたことが分かります。そして、そうした意味で海人から崇められていた聖なる山であったことも分かります。野間岳は海に突き出た野間半島の突先にあるので、海人が目当てとするには恰好の山であったわけです。

長江から南九州へ

１９９８年８月21日発行の毎日新聞に、「長江洪水、九州西岸にゴミどっと。黒潮に乗り漂流九〇〇キロ」と題する記事が地図と写真入りで載せられていました。説明によると、この年は長江流域では六月以来、大雨が降り続き、中国政府によると、洪水などで二〇〇〇人以上が死亡、八月時点で被災省は二八省におよび、五八三万戸が全壊し、避難民も一三八〇万人にのぼったとのことです。なお、掲載の写真は、薩摩半島の海岸に漂着した大量のゴミ（生活用品など）を写したものでした。被災された方々には申し訳ないと思いながらも、私は、長江下流地域と薩摩（隼人）が海流によって結ばれていることを実感した次第でした。

（追記１）記紀に記されているように、「ニニギノミコト」が天空から高千穂に降りてきたというのは、事実とは思えません。私は、天皇の祖先が中国の揚子江（長江）下流地域から出航して、南九州に上陸したのではないかと考えています。その上陸地点は、「笠沙岬」ではなかったか、とも思っているのです。このあたりの詳細については、前出の拙著『古代日本と海人』（大和書房）を参照して頂ければ幸いです。

（追記２）坊津は薩摩半島南部の港です。古くから揚子江（長江）下流地域と結ばれていました。

○関連地図は２２３頁に。

坊津《ぼうのつ》。遣唐船の根拠地にもなった。

中部

福井県

気《け》比《ひ》神宮

気比神宮

気比神宮は福井県敦賀市曙町に鎮座する式内社（名神大）で、越前国の一の宮です。主神は「伊《い》奢《ざ》沙《さ》別命《わけのみこと》」で、相殿には日本《やまと》武尊《たけるのみこと》・仲哀天皇・神功皇后・応神天皇などを祭っています。ただし、主神の「伊奢沙別命」が誰かについては諸説があります。なお、敦賀は、記紀では「角鹿《つぬが》」と表記されています。

気比神宮参道正面。

朝廷が遣唐使の無事を祈ることが度々で、最澄や空海も入唐に際して気比神宮に詣でて無事を祈願しておられます。祭神が海人に関わる神であったからと思えます。

多くの摂社や末社の中で、注目すべきものは「二社の御子神」です。その中の一社は擬領《をほみやつこ》神社で、祭神は建《たけ》功狭日《いささひ》命です。この擬領神社の祭祀には角鹿《つぬが》氏が当たる習わしとされていますが、これは角鹿氏の祖が建功狭日命のためと思われます。他の一社は、伊佐佐別《いささわけ》神社で、主神の気比大神の荒魂《あらみたま》を祭っています。有名な「御名《みな》替《かえ》」の神事は、この神社で行われます。

その他の要注意の摂社や末社としては、角鹿神社（式内社）があります。政所神社とも言い、祭神は渡来人の都奴我阿羅斯等《つぬがのあらしと》です。一説に擬領神社と同じ建功狭日命とも言います。

次に、常宮神社は境外摂社で、神功皇后が熊襲征討に出航した港に祭られています。特殊神事として有名な「総参拝」は、この神社へ渡御するものです。

土公《どこう》と天筒《てづつ》山

気比神宮の境内（今は神社に隣接する小学校の運動場の一隅）に「土公」と呼ばれる大きな「土まんじゅう」があります。大きな土盛りで、八角形をしています。伝えによれば、主神の気比大神は天筒《てづつ》山から「土公」へ移られたと言います。天筒山は高さ170メートルで、「土公」からは、すぐ近くに見えます。主神の降臨の地と伝え、「御山」と呼ばれている聖なる山です。

「土公《どこう》」。八角形の大きな土盛り。「聖所」としてあがめられている。社殿のなかった古代はここが祭祀の場。ここから天筒山がよく見える。

前に述べたように、最澄や空海は入唐に際し、共に気比神宮に詣でて航海の無事を祈願されましたが、その祈願を行った場所は「土公」であったと伝えられています。こうしたわけで、「土公」は、今も聖地として特に崇められています。

歴史の古い神社にはイワクラのある場合が多いのですが、気比神宮の境内には、なぜかイワクラは見当

気比神宮の神体山「天筒山《てづつやま》」。神ははじめ天筒山に降り、それから「土公《どこう》」に移られたという。山頂からは敦賀湾を一望できる。湾は山の向う側。

たりません。では、社殿の無い時期の気比神宮での神祭りは、どこで行われていたのかと言えば、その場所は「土公」であったと思えます。そのように考えられる理由は、次の二つです。一つは、前記のように、「最澄や空海が祈願された場所が土公であった。」と伝えられていることです。これは、社殿の無い時期における気比神宮での神祭りが「土公」で行われていたことを暗示しています。いま一つは、前記のように、「主神の気比大神は天筒山から土公へ移られた」と伝えられていることです。何度も言いましたが、「頭の中で目に見える社殿の一切を除去してみて、後に何が残るかを考えてみる」という方法を気比神宮に応用してみると、残るのは「天筒山」と「土公」の二つになります。つまり、最初に神が降臨されたという天筒山と、そこから移られたという土公です。天筒山は神体山であり、土公は麓の遙拝所と言えます。以上から、原初的な気比神宮の姿は、土公から天筒山を拝むものであったということになります。

天筒山と海人

山頂に登ってみましたが、眼下に敦賀湾を一望できる実に見晴らしのよい所でした。ということは、天筒山は敦賀湾のどこからでも仰ぎ見ることができるわけです。湾に入ってきた海人たちは、天筒山を見て、「ああ、敦賀に着いたぞ。」と思ったことでしょう。そうした意味で、この山は海人たちから崇められていた聖なる山であったと考えられます。天筒山の「天」は美称とすると、意味のあるのは「筒」ですが、「つつ」という発音は、住吉神社の祭神が「筒」であるのに通じます。住吉神社は海人に関係深い神社です。したがって、気比神宮の神体山が「つつ」であることは、この神社は海人から崇められていたものと推測されます。それはまた、神社の鎮座地（敦賀）が、古代における重要な港であったことと辻褄が合っています。「つつ」の意味については、星とする説（吉田東伍氏）、或いは蛇とする説（谷川健一氏）などもありますが、いずれにしても海人に関わるとする点では同じです。

なお、土公が単なる土盛りなのか、中に何かが納められているのかは不明です。気比神宮にお参りになった時は、是非とも土公を研究してみてください。

（追記1）前記のように、伊《い》奢《ざ》沙《さ》別命《わけのみこと》が誰かについては諸説がありますが、私は、吉備氏に深く関わる人物ではないかと推測しています。具体的には、前記の擬領《をほみやつこ》神社の祭神「建《たけ》功《いさ》狭《さ》日《ひ》命」が吉備氏の系譜につながる人物ではないかということです。だが、この問題には、前記の「御《み》名《な》替《かえ》」の神事に関わって応神天皇もからんできて、説明するには多数の頁を必要とします。ひょっとすると、一冊の本になってしまうかもしれないくらいです。したがって、残念ながら、ここでは割愛し、他日を期すことにします。

なお、伊奢沙別命、及び、応神天皇と吉備との関係についての概略は、小著『祭祀から見た古代吉備』（吉備人出版）に記してあります。この問題は、「加茂造山古墳」という特大の前方後円墳の被葬者とも関わるので、ご一読頂ければ幸いです。

（追記2）敦賀は、日本海沿岸では非常に重要な港です。『日本書紀』によれば、神功皇后が熊襲《くまそ》征討に出発したのは敦賀からでした。平安時代に渤海《ぼっかい》の使いが度々来たのも敦賀です。江戸時代に東北の米を畿内に運ぶ時、敦賀から琵琶湖へ、そして瀬田川・宇治川・淀川を経て大阪に通じるコースもありました。

愛知県

熱田神宮とカラス

鳥喰《とぐい》神事

熱田神宮が名古屋市に鎮座していること、及び、御神体が草薙剣《くさなぎのつるぎ》であることは、御承知のとおりです。

熱田神宮には、「鳥喰」という神事があります。その内容は、『熱田神宮』（神宮庁発行）によると、およそ次のようなものです。

「摂社の御田《みた》神社（式内社）では、祈年祭・新嘗祭の時に奉る神饌は、先ずカラスに食べさせる信仰がある。即ち、ホーホーとカラスを呼びながら御供え（しとぎ団子）を『土用殿《どようでん》』の屋根の上に投げ上げる。それを三度繰り返す。昔はカラスが来て御供えを食べなければ、祭典が行われなかったという。なお、土用殿は、現在は本宮の御垣の外に位置しているが、昔は本殿の東に並んで鎮座せられ、神宮の御神体の御剣を奉安した御殿である。」と。

以上の中での注意点は、「しとぎ団子を土用殿の屋根の上に投げ上げる」こと、及び、「カラスが来て団子を食べなければ、祭典が行われなかった」ことの二つです。

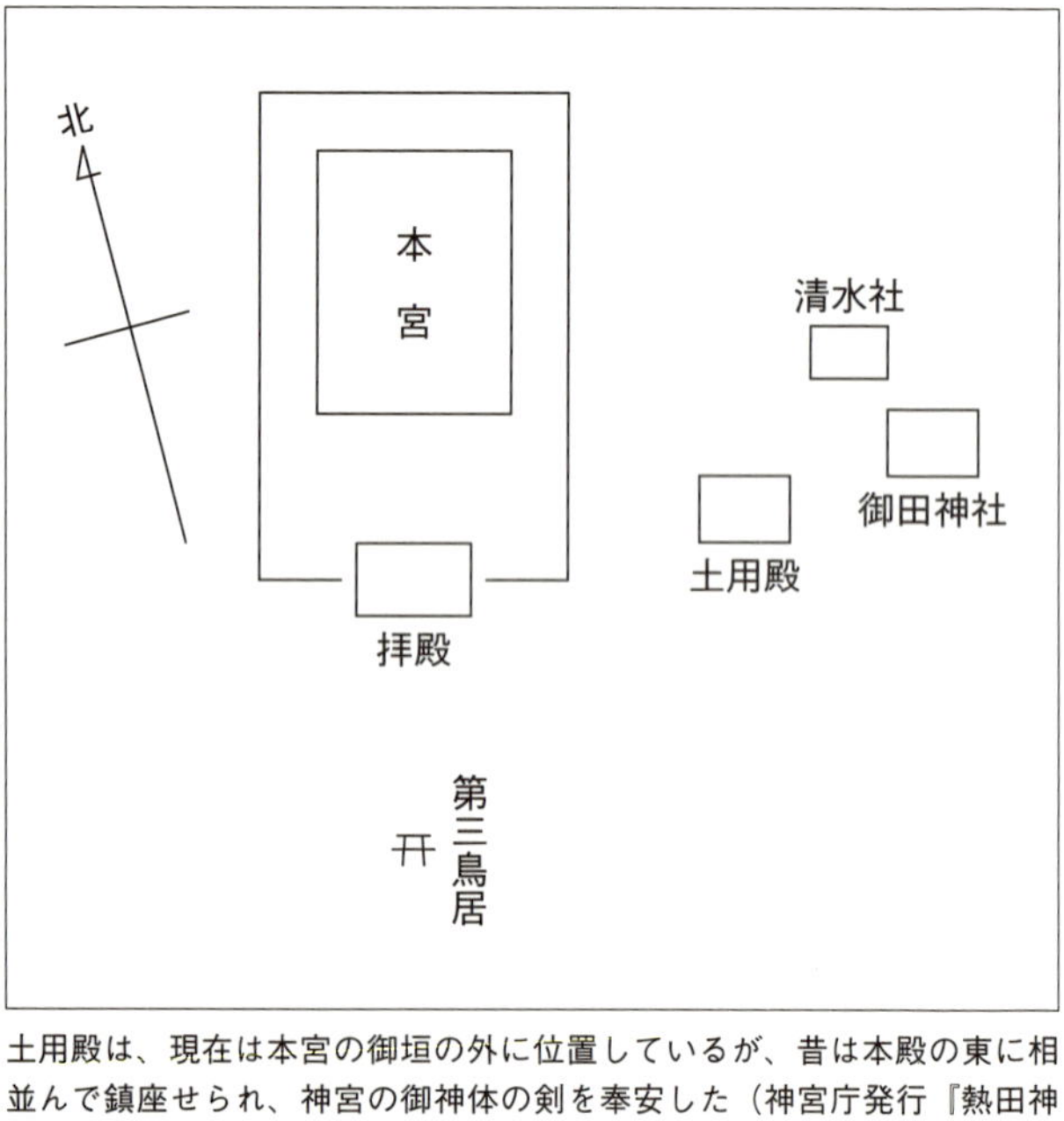

土用殿は、現在は本宮の御垣の外に位置しているが、昔は本殿の東に相並んで鎮座せられ、神宮の御神体の剣を奉安した（神宮庁発行『熱田神宮』掲載の宮域図を参考に描いた）。

土用殿

吉田東伍氏の著『大日本地名辞書』の「熱田神宮」の項には、次のように記されています。

「土用殿《どようでん》」。神宮の御神体の剣を奉安した。もとは本殿と並立していた最重要の社殿。この土用殿の屋根に「しとぎ団子」を投げ上げてカラスに食べさせる（写真は熱田神宮社務所提供）。

「神宮の神殿二宇、東西に並ぶ。土用殿東にあり、神剣を鎮奉る。正殿西にあり、後世四座の神を配奉る。（中略）按ずるに、四神を相殿とせしこと、その始め詳らかならず。本社所蔵の古文書に神体五躯とあるによらば、以前よりしかること著明し、天照大御神・素盞嗚尊・日本武尊・宮簀媛命・建稲種命の五座の神、相殿に坐す。これを正殿と称して西方にまし、神剣は土用殿と称して東方にませりという。」と。

以上から、「土用殿」は御神体（草薙剣）を祭る建物で、熱田神宮において最も重要な建物であったことが分かります。ところが、「鳥喰《とぐい》」の神事に際して「しとぎ団子」を投げ上げるのは土用殿の屋根なのです。しかも、「カラスが来て団子を食べなければ祭典が行われなかった」とすれば、「鳥喰」の神事が、換言すれば、カラスが土用殿に重要な関わりを持っていたと考えざるを得ないことになります。だが、土用殿は建物であり、信仰の対象ではありません。したがって、カラスが関係しているのは、その中に祭られている御神体（草薙剣）だと考えられます。

ミサキ

一つの仮説は、カラスは熱田の神の「御前《みさき》」（以下、

中部

ミサキ）であったのかもしれないということです。

ご承知のように、例えば、大神《おおみわ》神社では蛇、春日大社では鹿、日吉大社では猿がミサキです。では、熱田神宮ではカラスをミサキにしていたとするならば、御祭神とカラスの間にはどんな関係があるのでしょうか。実は、カラスと関係深い神社は他にも幾つかあります。例えば、厳島神社・備前の吉備津彦神社などです。そうした神社とカラスの関係も調べてみる必要があると思います。

（追記）神社とカラスの関係についての詳細は、季刊誌『東アジアの古代文化』（大和書房）No.68号掲載の小論「即位式とカラス」を参照してください。

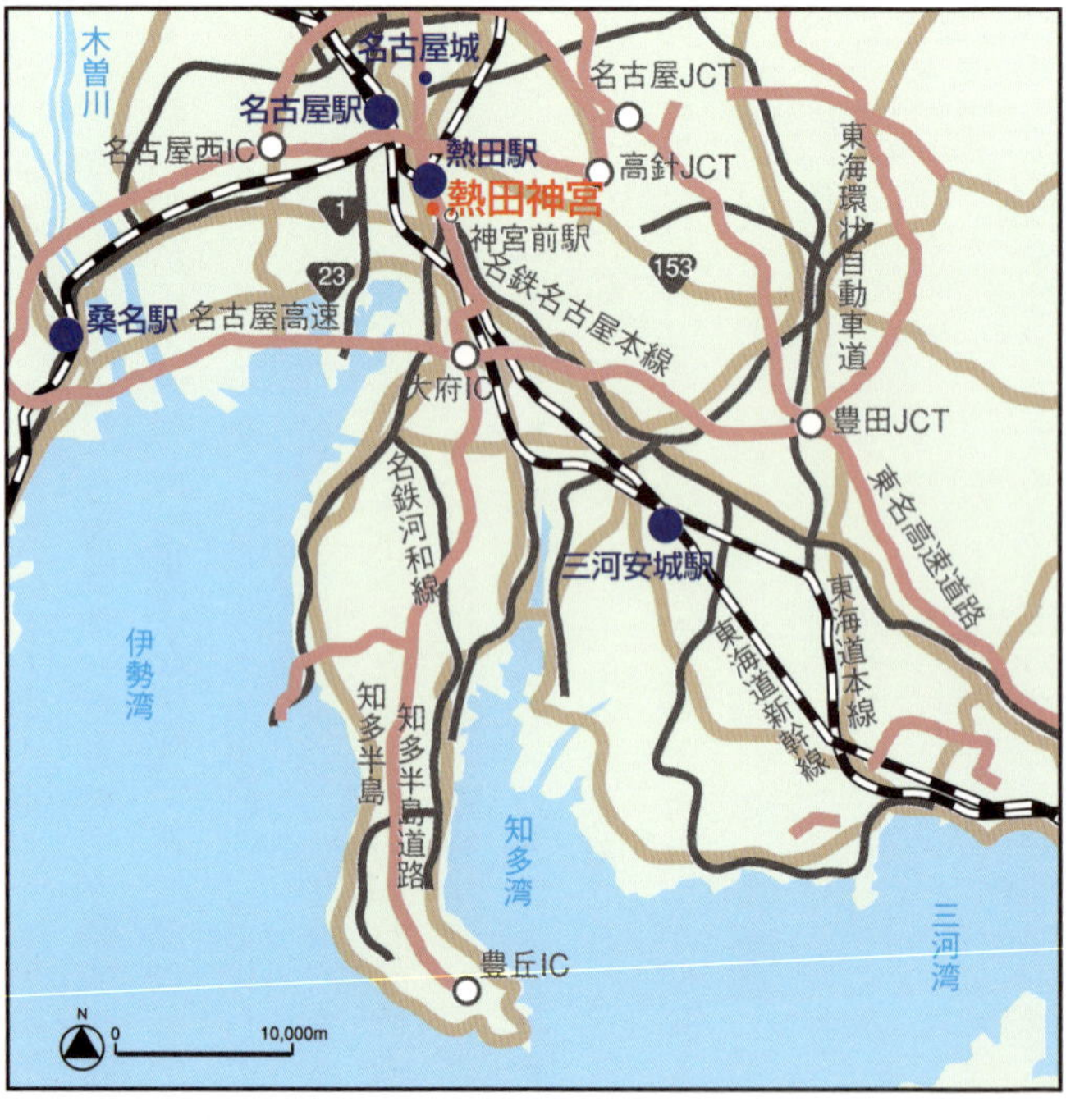

長野県

諏訪《すわ》大社

諏訪大社の上社《かみしゃ》の本宮《ほんみや》の正面。中央に「一の柱」。背後は神体山「守屋《もりや》山」。

諏訪大社

諏訪大社は長野県の諏訪湖の岸に鎮座する古社で、上《かみ》社《しゃ》と下社《しもしゃ》に分かれ、更に、上社は本宮《ほんみや》と前《まえ》宮《みや》の二社から、下社は春宮と秋宮の二社からなりたっています。したがって、合計四社を合わせたものを諏訪大社と呼んでいるわけで、鎮座地は以下のようになっています。上社の本宮は長野県諏訪市中洲、前宮は茅野市宮川、下社の春宮と秋宮はいずれも諏訪郡下諏訪町です。

ただし、観光バスで諏訪大社にお参りする時の「諏訪大社」は、「上社の本宮」を指しているようです。私は四社にお参りしましたが、上社の本宮では観光バスが次々と来ているのを見ました。だが、他の三社は全く寂しい感じだったのには大変驚きました。以下、この神社が信濃国の一の宮であること、主神が大国主命の御子建御名《たけみな》方《かた》神であること、及び、社殿の四隅に大きな柱を建てる「御柱《おんばしら》大祭」のことなどについては説明を省き、私の考えに基づいて注意点四つをお話しします。

神長官《じんちょうがん》の守矢《もりや》氏

第一の注意点は、上社の大祝《おおほうり》は、祭神の建御名方神の子孫の神《じん》家（後に諏訪氏を名乗る）の世襲でしたが、これは「生き神」であり、祭祀の実権は神長官の守矢氏が握っていたことです。即ち、守矢氏は、諏訪地域第一

「ミシャグチ神」。上社の本宮と前宮の中ほどにある。「神長官《じんちょうがん》」の守矢氏が祭ってきた。

の聖山守屋山に鎮まる洩矢《もれや》神《がみ》の子孫と伝えられ、この氏族の奉じる「ミシャグチ神」と呼ばれる神こそが諏訪地域の人たちがずっと昔から崇めてきた神と考えられます。換言すれば、大祝の諏訪氏は他の地域から諏訪地域に入ってきた氏族であり、この地に初めから住んでいたのは守矢氏だということです。なお、大祝も神長官も明治に廃止となるまで、続きました。

なお、下社の大祝は金刺《かなざし》氏でしたが、上社の諏訪氏と同様、これも外部から入ってきた氏族で、上社の守矢氏に当たる土着の氏族は武居《たけい》氏であり、宮奉行として、明治まで続いたようです。

聖なる守屋山

第二の注意点は、上社の神体山が守屋山であることです。本宮と前宮の中間には今も守矢氏の館（神長官屋敷）があり、邸内には「ミシャグチ神」が祀られていますが、大事なのはミシャグチ神の上方にある磯並山です。というのは、大祝が即位すると、必ずこの山に登拝する定めでしたが、この磯並山の背後に位置するのが守屋山であるからです。即ち、磯並山は守屋山の前山という意味を持っていたわけで、最終的に大切なのは守屋山です。諏訪湖の湖畔から眺めた守屋山は実に神々しい山容です。

本殿がない

第三の注意点は、上社にも下社にも本殿がないことですが、上社の本宮には「硯石《すずりいし》」と呼ばれる岩があります。名の由来は、常に石の凹部に水を湛えているからと言われます。この岩の上に大祝が神として座したと伝えられているので、これはイワクラと考えられます。本殿のない神社が古い神社の姿であることは言うまでもありません。

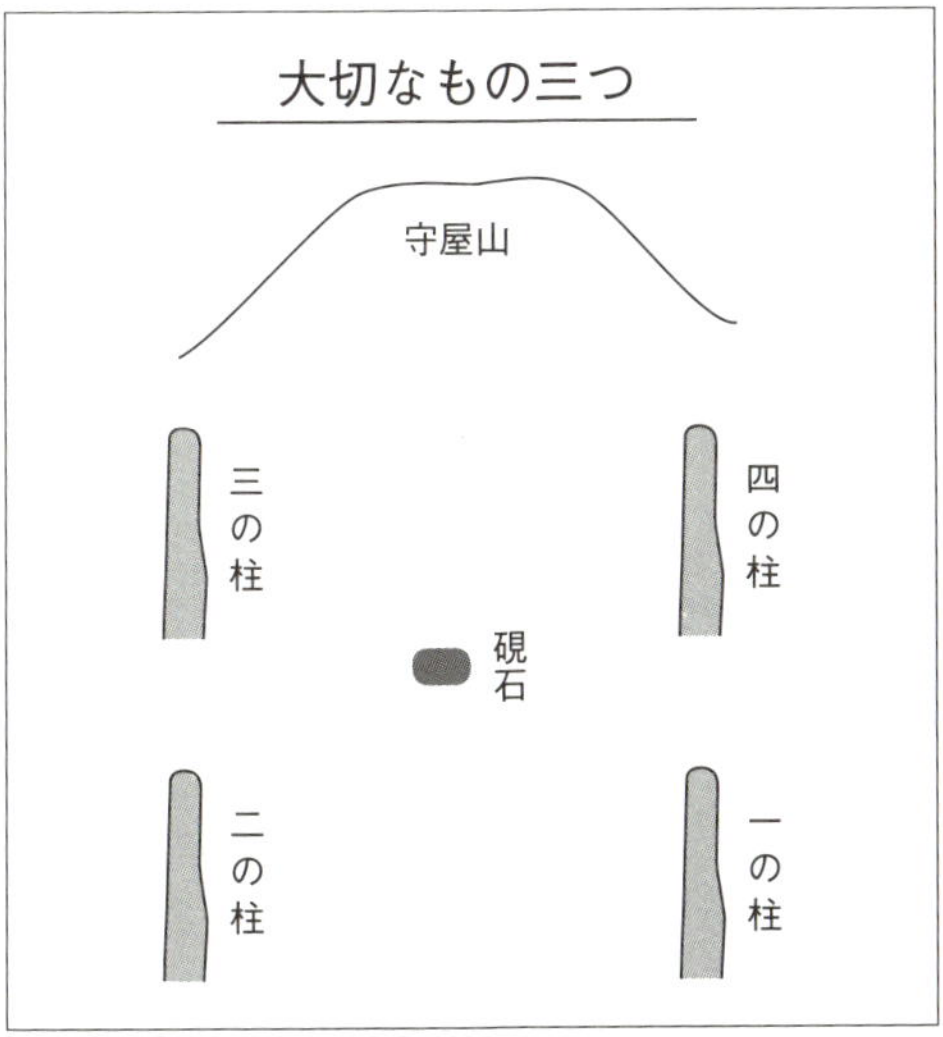

上社の本宮で大切なのは、「守屋山」。これは神体山。次は「硯石」。これは山麓のイワクラで、山の遥拝所。この神社には本殿がないので、「硯石」は特に重要。大切な三つめが、四隅の柱。以上の三者が本質的なものと言える。

上社の本宮の「硯石《すずりいし》」（中央の奥の冊の中）。イワクラと考えられる。この神社には「本殿はない」。

御頭祭《おんとうさい》

第四の注意点は、最大の神事の「御頭祭」では、鹿の頭（75頭）などをお供えすることです。これは、ミシャグチ神に関わる古い祭祀と思えます。

（追記1）諏訪大社（上社）の神事のうち、最も大がかりで、神秘的なのは「御頭祭」です。この神事を古代から司ってきたのは神長官の守矢氏です。この神社の実権が守矢氏にあったことがうかがえます。戦国大名の武田信玄は、諏訪地域に勢力を延ばしましたが、信玄が守矢氏に当てた手紙の宛て名は「神長殿」になっています。

（追記2）守矢氏の館（神長官屋敷）には、今は守矢早苗氏が住んでおられます。神長官は七十六代まで続き、明治維新の時に廃止となりましたが、早苗氏は七十六代の方の弟の孫に当たる方です。邸内には「ミシャグチ神」が祀られ、茅野市立「神長官守矢史料館」も設けられています。

（追記3）諏訪大社には有名な四本の御柱《おんばしら》が立てられていますが、注意しなければならないのは、柱の位置が境内の「四隅」であって（239頁の図参照）、「四方」ではないということです。「四隅」と「四方」では、意味が違います。

諏訪大社と同様に、「四隅」を重視する思想が見られるのは、岡山市吉備津に鎮座している吉備津神社です。この神社は備中国の一の宮ですが、本殿の「四隅」に、御崎《おんざき》と呼ばれる神々を祭っています。即ち、東北の隅の神は艮《うしとら》御崎、東南の隅の神は巽《たつみ》御崎、西南の隅の神は坤《ひつじさる》御崎、西北の隅の神は乾《いぬい》御崎と呼ばれています。中でも艮御崎は、大和からやって来た吉備津彦命（神社の主神）と戦った温羅《うら》（吉備土着の神？）を祭っていて、特に崇められています。

考古学の話になりますが、「四隅」が特別の意味を持っていると思われるものに、山陰の出雲市などに築かれた「四隅突出型墳丘墓」があります。これは弥生後期の首長墓ですが、その代表は西谷3号墳です。この墳墓は、一辺が約40メートルと約30メートルの長方形の墳丘の「四隅」に、それぞれ長大な突出部を設けたものです。なぜ突出部があるのかは不明ですが、何らかの意味で「四隅」を重視していることは確かでしょう。

「四隅」を重視するのと混同されやすいのが「四方」を重視する思想です。その例は前（85頁）に記した京都の八坂神社です。ここに見られるのは、「四神」と呼ばれる「四方」の守護神です。即ち、北の守護神は玄武《げんぶ》、以下同様に、東は青龍、南は朱雀《すざく》、西は白虎の受持ちです。平安京は風水学に基づいて、「四神相応《そうおう》」の地を選んで造営されたと言われています。また、奈良のキトラ古墳は、その石室に「四神」が描かれていることで有名です。或いは、朝廷で元日に行われる「四方拝」も「四方」に関係した行事です。更に、仏教にあっても、「四方」は四天王の受け持ちとされています。東が持国天、南が増長天、西が広目天、北が多聞天（毘沙門天）です。

以上は、「四方」を重んじる思想に関わることです。

なお、「四方」と「四隅」を合わせた形が「八角」です。即ち、「四方」と「四隅」の両者を同時に尊重すれば、「八角」の形を取ることになります。実例としては、天武天皇・持統天皇の合葬陵が挙げられます。法隆寺の夢殿も「八角」です。「八角」は、易《えき》で最も尊重される形でもあり、非常に奥深い意味を持った形と言えます。

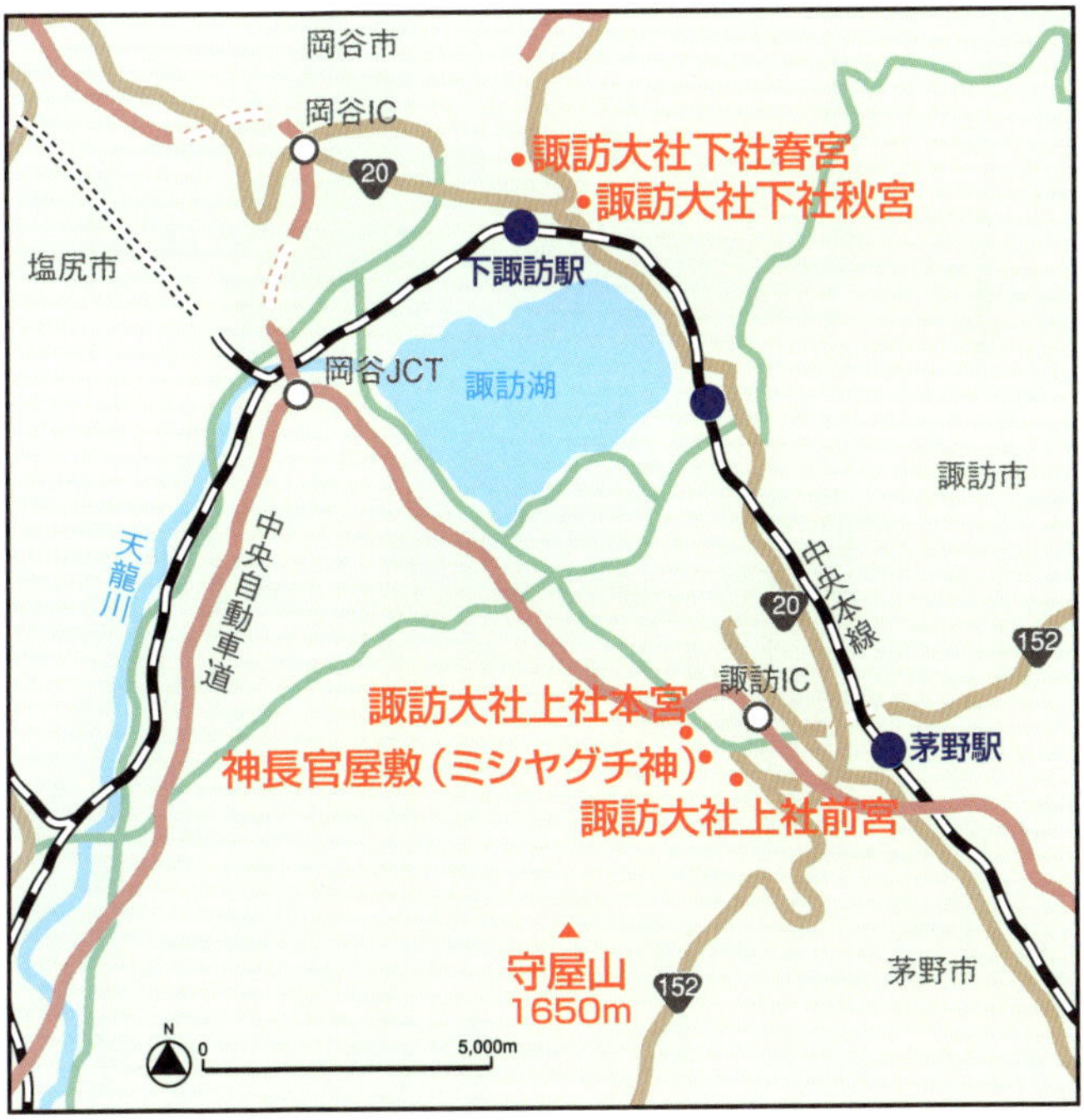

中部

あとがき

神社では「社殿」に目がいきます。これは当然のことです。なぜならば、神が祭られているのは、社殿の中と考えられているからです。だが、私は、歴史の古い神社に参詣した時は、「頭の中で社殿を取りはらってみる」ことにしています。「社殿がない」として考えてみるのです。いくら立派な社殿でも同じです。というのは、「社殿はずっと古い時期にはなかった」はずだからです。そして、次には、「社殿がないとした場合、境内に残ってくるものは何か？」を考えるのです。その結果、そこに「残ってきたもの」があれば、それこそが未だ社殿がなかった時期に、その地で行われていた神祭りのよりどころであったに違いないと考えるわけです。私の経験では、およそ次のようなものが残ってくるように思います。

○山　○岩（イワクラ）　○泉　○古墳　○土まんじゅう　○経塚

以上のことは古い寺院にお参りした時も同じです。明治以前は神仏習合でしたから。

この書で問題にした聖なる山・イワクラ・泉、あるいは神社や寺院などは、主として西日本のものです。ただし、吉備（岡山県）のものは全て除きました。その理由は、既に小著『祭祀から見た古代吉備』・『吉備の中山と古代吉備』・『楯築《たてつき》遺跡と卑弥呼の鬼道《きどう》』などで取り上げたからです。

以下に、今回、頁数の関係で割愛した主なもの（項目）を列挙しておきます。

○唐招提寺講堂〔奈良県〕○仁徳天皇陵の陪塚銅亀山《どうかめやま》古墳〔大阪府〕○誉田《こんだ》御廟山古墳と二上山〔大阪府〕○大隅神社〔大阪府〕○土塔《どとう》〔大阪府〕○住吉大社〔大阪府〕○枚岡《ひらおか》神社〔大阪府〕○生駒山〔大阪府・奈良県〕○月読神社〔京都府〕○出雲大神宮〔京都府〕○南宮山〔三重県〕○青岸渡寺《せいがんとじ》〔和歌山県〕○神倉神社〔和歌山県〕○日岡神社〔兵庫県〕○褶《ひれ》墓〔兵庫県〕○広峯神社〔兵庫県〕○伊和都比売《いわつひめ》神社〔兵庫県〕○大避《おおさけ》神社

〔兵庫県〕 ○赤松池〔鳥取県〕 ○倭文《しどり》神社〔鳥取県〕 ○西谷四隅突出型墳丘墓〔島根県〕 ○速谷《はやたに》神社〔広島県〕 ○明王院〔広島県〕 ○玉祖《たまのおや》神社〔山口県〕 ○八栗《やぐり》寺〔香川県〕 ○宇夫階《うぶしな》神社〔香川県〕 ○満濃池〔香川県〕 大麻比古《おおあさひこ》神社〔徳島県〕 ○金立山《きんりゅうざん》〔佐賀県〕 ○鵜ノ瀬《うのせ》〔福井県〕 ○若狭国分寺〔福井県〕

以上については、別の機会に、ぜひ述べたいと思っています。

本書の内容は、二〇〇二年秋から約二年間にわたって岡山日日新聞に連載させて頂いたものに多少手を加えたものです。同新聞社および常務取締役安藤喬氏に対し、厚く御礼申し上げます。

本書ができ上がるまでには、多くの方々からいろいろとお力添えを頂きました。私をクルマに乗せて何度も遠い所まで連れて行ってくださった武部聡明・林弘子・難波和雄・中西公司の諸氏、同じく近回りでは間野行治・大木初美・池上早苗の諸氏、写真撮影の面でご協力くださった吉岡孝司・服部和子の両氏、面倒な校正を引き受けてくださった平田嬉世子・森安篤夫・湯浅尚子の諸氏、及び、度々やさしい励ましの言葉をかけてくださった古代祭祀研究会の皆様、「ありがとうございました」。なお、終始「誠意」をもって対応してくださった吉備人出版の山川隆之氏に心からお礼申しあげます。

２００５年冬至　「吉備の中山」の麓にて

薬師寺慎一

著者プロフィール
薬師寺 慎一（やくしじ しんいち）
古代祭祀研究家。1924年生まれ。第六高等学校卒業、京都大学中途退学。中高校社会科教員を経て退職。著書『古代日本と海人』（大和書房）、『楯築遺跡と卑弥呼の鬼道』（吉備人出版）『吉備の中山と古代吉備』（同）『祭祀から見た古代吉備』（同）、論文「古代日本における冬至の日の出線」「即位式とカラス」「古代備中国の中枢部と秦氏」（いずれも『東アジアの古代文化』所収）など。岡山市吉備津在住。

聖なる山とイワクラ・泉

2006年1月20日 初版発行

著 者 薬師寺 慎一
発行者 山川 隆之
発 行 株式会社吉備人《きびと》出版
〒700-0823 岡山市丸の内2丁目11-22
電話 086-235-3456 ファクス 086-234-3210
振替 01250-9-14467
http://www.kibito.co.jp/
e-mail books@kibito.co.jp
印刷所 株式会社三門印刷所
岡山市高屋116－7
製本所 有限会社明昭製本

ISBN4-86069-110-5 C0021